Tirso de Molina

Amar por señas

Barcelona **2024**
Linkgua-ediciones.com

Créditos

Título original: Amar por señas.

© 2024, Red ediciones S.L.

e-mail: info@linkgua.com

Diseño de cubierta: Michel Mallard.

ISBN tapa dura: 978-84-9897-276-4.
ISBN rústica: 978-84-9816-482-4.
ISBN ebook: 978-84-9897-107-1.

Cualquier forma de reproducción, distribución, comunicación pública o transformación de esta obra solo puede ser realizada con la autorización de sus titulares, salvo excepción prevista por la ley. Diríjase a CEDRO (Centro Español de Derechos Reprográficos, www.cedro.org) si necesita fotocopiar, escanear o hacer copias digitales de algún fragmento de esta obra.

Sumario

Créditos _____ 4

Brevísima presentación _____ 7
   La vida _____ 7

Personajes _____ 8

Jornada primera _____ 9

Jornada segunda _____ 55

Jornada tercera _____ 95

Libros a la carta _____ 149

Brevísima presentación

La vida
Tirso de Molina (Madrid, 1583-Almazán, Soria, 1648). España.
Se dice que era hijo bastardo del duque de Osuna, pero otros lo niegan. Se sabe poco de su vida hasta su ingreso como novicio en la Orden mercedaria, en 1600, y su profesión al año siguiente en Guadalajara. Parece que había escrito comedias y por entonces viajó por Galicia y Portugal. En 1614 sufrió su primer destierro de la corte por sus sátiras contra la nobleza. Dos años más tarde fue enviado a la Hispaniola (actual República Dominicana) y regresó en 1618. Su vocación artística y su actitud contraria a los cenáculos culteranos no facilitó sus relaciones con las autoridades. En 1625, el Concejo de Castilla lo amonestó por escribir comedias y le prohibió volver a hacerlo bajo amenaza de excomunión. Desde entonces solo escribió tres nuevas piezas y consagró el resto de su vida a las tareas de la orden.

Personajes

Beatriz, dama, hija de Felipo
Clemencia, dama, hija de Felipo y duquesa de Joyosa
Armensinda, dama-niña, sobrina de Felipo
Felipo, duque de Lorena
Don Gabriel Manrique, galán español
Carlos, galán, duque de Orliens
Enrique
Montoya, gracioso
Ricardo
Criado I
Criado II
Criado III
Un Paje
Dama

Jornada primera

(Salen don Gabriel y Montoya, de camino.)

Montoya Echéle las maneotas,
colgué el freno del arzón,
maleta y caparazón,
de la color de tus botas,
    yacen —parece epitafio—
entre juncia, espliego y grama,
porque te ministren cama;
mas yo debo ser un zafio,
    un...

Gabriel   Empieza ya.

Montoya   ... un pollino,
una mula de alquiler,
pues no merezco saber
la causa de este camino.
    ¿Qué mosca te dio? No ha una hora
que con la cara serena
triunfando te vi en Lorena;
¿de qué es la murria de agora?
    Danzaste a satisfacción
de todo el salón ducal
antenoche, sin igual
Adonis de tal salón.
    Cinco premios de la justa
esta tarde te has mamado,
de monsiures envidiado
porque tu cólera adusta
    dio con tres patas arriba,
que del campo sastres fueron,

pues que la arena midieron.
¿Qué belleza, por esquiva,
  soberbia, qué generosa
presunción, qué tiranía
de voluntades te vía,
que con cara cosquillosa
  no te echase bendiciones,
si siempre que las mirabas
desde la tela agarrabas
sus almas por los balcones?
  ¿Hubo favor de importancia
que el de Orliens no te haya hecho,
de tu valor satisfecho,
hermano del rey de Francia,
  y tan tratable contigo
que, desde que nos sacó
de España, te sublimó
a la igualdad de un amigo?
  ¿Dónde vas, si no has sacado
monja o doncella, no has muerto,
no herido, no has encubierto
ladrones, no te han hallado
  moneda falsa, no joya
contrahecha, no papel
de conjuración infiel,
no resistencia?

Gabriel   Montoya,
  ya sabes mi condición:
servir y callar.

Montoya   Apelo
sola esta vez.

Gabriel	¿Cuándo suelo tener yo satisfacción de ti ni de otro criado? ¿Comunico yo secretos contigo?

Montoya	Muchos discretos
	a sus ministros han dado
	  cuenta de cosas más graves,
	cuyo consejo remedia
	imposibles. ¿Qué comedia
	hay, si las de España sabes,
	  en que el gracioso no tenga
	privanza, contra las leyes,
	con duques, condes y reyes,
	ya venga bien, ya no venga?
	  ¿Qué secreto no le fían?
	¿Qué infanta no le da entrada?
	¿A qué princesa no agrada?

Gabriel	Los poetas desvarían con esas civilidades, pues, dando a la pluma prisa, por ocasionar la risa, no excusan impropiedades.
Montoya	Ni hay criado que merezca con su amo menos que yo.
Gabriel	Basta; no me enojes.
Montoya	No.
Gabriel	Llámame cuando amanezca,

        porque al punto caminemos.

Montoya (Aparte.)   (¡Qué maldita condición!)
        Allí un gallo motilón
        canta maitines; podremos,
          si es media noche, dormir
        dos o tres horas no más;
        quizá en ellas soñarás
        que te importa no partir.
          Paséome, por guardarte
        el sueño, junto al frisón;
        maleta y caparazón
        desean acomodarte
          al pie de aquel chopo viejo.
        Duerme, y ¡ojalá, el mi dueño,
        mude caprichos tu sueño,
        y estimes más mi consejo!

(Vase.)

Gabriel   Liviana imaginación,
        huyendo voy de imposibles;
        resistencias invencibles,
        apadríneos la razón.
        Volved por vos, opinión;
        que pretende una beldad,
        desluciendo mi lealtad,
        enloquecerme y rendiros;
        más valen cuerdos retiros
        que loca temeridad.
          Vi a Beatriz cuando ignoraba
        que pudiera darme enojos,
        sin que advirtiesen mis ojos
        que tan cerca el alma estaba.

Imaginé que feriaba
deleites, a cuyo alarde,
ni pechero ni cobarde,
retirara mi valor;
pero —¡ay cielos!— que el amor
entra presto y sale tarde.
 ¡Beatriz, hija y sucesora
del gran duque de Lorena!
¡Carlos de Orliens, cuya pena
le trae a casarse agora,
si pena quien se enamora!
¿Y yo que le sirvo y sigo,
amo a Beatriz, y desdigo
de quien soy? ¡Civil cuidado!
¿Obligaréle criado?
¿Corresponderéle amigo?
 Alto, amor desvanecido,
el más eficaz remedio
será poner tierra en medio,
pues la razón no lo ha sido.
La ausencia engendra el olvido;
de Marte es amor despojos;
la guerra divierte enojos
que amor pudo ocasionar.
Si me perdí por mirar,
yo castigaré los ojos.
 Enfrena, Montoya, enfrena;
que no necesito al día,
cuando la Luna es mi guía;
lastimada de mi pena,
porque salga de Lorena,
mi resolución apoya.
De los incendios de Troya
huyendo, saco violentos

penates, mis pensamientos.

(Sale Ricardo con una maleta debajo del brazo, y se pone delante de don Gabriel.)

Gabriel ¿Es Montoya?

Ricardo No es Montoya.

Gabriel ¿Quieres algo?

Ricardo Lo que llevo.

Gabriel ¿Qué llevas?

Ricardo Todos los bienes
que en esta maleta tienes.
Robételos, y me atrevo
 a decírtelo.

Gabriel ¿Estás loco?

Ricardo No, pero estoy obligado
a quien esto me ha mandado,
y sé que no te ama poco.

Gabriel ¿Qué dices, hombre?

Ricardo Esto digo.

Gabriel ¿Que me robes te mandó
quien bien me quiere?

Ricardo Y soy yo

	de sus desvelos testigo.
Gabriel	¿Y gusta que me des cuenta del hurto que has hecho?
Ricardo	Sí.
Gabriel	¿Quién es?
Ricardo	Cerca está de aquí.
Gabriel	Dime su nombre.
Ricardo	No intenta que le sepas por ahora.
Gabriel	¿No? Pues ¿cuándo?
Ricardo	Más despacio.
Gabriel	¿Dónde está?
Ricardo	¿Ves el palacio del bosque? Pues en él mora.
Gabriel	Sepa yo cómo se llama.
Ricardo	Que lo ignores determina. ¿Conoces a la sobrina de Felipo?
Gabriel	¡Hermosa dama!
Ricardo	Pues no es ésa la curiosa

| | inventora de esta empresa.
¿Sabes quién es la duquesa,
en Lorena, de Joyosa? |
|---|---|
| Gabriel | Ésa es madama Clemencia,
de dos hijas la menor
del duque. |
| Ricardo | Pues no es su amor
quien quiere impedir tu ausencia. |
Gabriel	Pues ¿quién? Que me vuelves loco.
Ricardo	Ya conoces a Beatriz.
Gabriel	¿Qué dices? ¡Suerte feliz!
Ricardo	Pues no es aquésa tampoco.
Gabriel	¡Oh bárbaro burlador!
¡Viven los cielos...!
Ricardo	Despacio.
En ese hermoso palacio
te tiene una dama amor,
que desea conocerte,
y ver si en España amaste,
por qué ocasión te ausentaste,
y agora intentas volverte.
Dióme para esto la traza
que has visto y ejecuté;
la maleta te robé;
que, a no hacerlo, me amenaza
no menos que en la cabeza;

    y harálo; que es poderosa;
sabrá por ella curiosa
tu estado, patria y nobleza;
   pues claro está que ha de hallar
papeles que de esta duda
la saquen. De intentos muda,
sin resolverte a ausentar;
   que, puesto que este secreto
importa lo que no sabes,
por haber estorbos graves
y serlo tanto el sujeto,
   estimarás tu fortuna
cuando conozcas quién es,
porque es una de las tres,
y de las tres no es ninguna.

(Vase.)

Gabriel   Fuése, y burlóse de mí;
pues para que no le siga,
con disparates me obliga.
O sueño o es frenesí.
   Ladrón ingenioso, aguarda.
¿Que así un hombre se me atreva?
Seguiréle; que me lleva
las joyas de mi Gerarda.

(Vase.)

Montoya   ¡Que me durmiese yo en pie!
¿Hiciera más un lirón?
Pero ¿qué es de mi frisón?
Maniatado le dejé.
   ¡Oigan esto! ¡Vive Dios,

    que se me acoge con él
un hombre! Cuatrero cruel,
espera, aguarda. Otros dos
    van corriendo uno tras otro.
¡Ay, también falta el cojín!
Trampantojos de Merlín
nos llevan maleta y potro.
    La Luna me está diciendo
que es mi amo aquel que corre;
si él la maleta socorre,
y yo el caballo defiendo,
    ¡oh enlunada claraboya!
sacrificaréte un gallo.
Franchote, deja el caballo;
que es pupilo de Montoya.

(Quiere entrarse, pero salen dos criados que le cogen por las espaldas.)

Criado I   Tenga, que hay mucho que hacer.

Montoya   ¡Ay, por detrás y conmigo,
                     ¿qué hacen?

Criado II   Punta en boca, digo.

Montoya   Señores, no es menester
                     apuntar bocas; la mano
                meta en esa faltriquera
                el uno; que yo quisiera
                ser un príncipe; no gano
                     más que una triste ración,
                y con ella veinte reales
                de salario, aun no cabales,
                pues es mi dueño un pelón.

                    Doce de éstos hallarán
                    con otra mosca menuda;
                    quien la maleta nos muda,
                    si rompe su cordobán,
                        desembolsará doblones,
                    que en Francia llaman del Sol;
                    yo soy un pobre español.

Criado II   Acortemos de razones;
                    que no nos trae su dinero.
                    Atadle esas manos bien.

(Se las atan atrás.)

Montoya   ¿Mi dinero no? Pues ¿quién...?

Criado II   Allá lo sabrá.

Montoya   Si muero,
                    díganme por qué delito.

Criado II   Con el lienzo le vendad
                    los ojos.

Montoya   No hice maldad
                    por obra ni por escrito.
                     Si mi dueño derribó
                    tres monsiures, ¿en qué peca
                    un lacayo, pica seca,
                    que en su vida se metió
                        en justas ni en pecadoras?
                    Por solo no tornear,
                    dejé en un torno de hablar
                    tres monjísimas señoras.

Criado I	Ande y calle.
Montoya	¿A dónde bueno o para qué tantas prisas?
Criado I	Diránselo allá.
Montoya	¿De misas? Luego ¿a réquiem me condeno?
Criado II	En chistando, claro está.
Montoya	No muy claro, pues a oscuras me llevan. De estas venturas la fortuna me dará
(Aparte.)	infinitas. (Hilo a hilo me voy.)
Criado II	Chitón.
Montoya	No hablo nada.
(Aparte.)	(Labrando voy cera hilada; pero fáltala el pabilo.)

(Vanse. Salen Ricardo con la maleta, huyendo, y don Gabriel, que le sigue con la espada desnuda.)

Gabriel	Hombre ¿estás encantado? Cuando corro tras ti, por bosque y prado, sus alas te da el viento; si te pierdo de vista, a paso lento me aguardas; y al instante que pienso que te alcanzo, la inconstante

cometa no te iguala.
Siguiéndote me traes de sala en sala,
después que en esta quinta
entraste, que de Circe hechizos pinta,
sola y deshabitada,
de luces y tapices adornada.
A nadie en ella veo.
O loco estoy o lo que sueño creo.

Ricardo   El orden he cumplido
que me dio quien aquí te ha reducido.
Consulta con tu suerte,
español, el ganarte o el perderte;
porque si eres discreto,
toda tu dicha estriba en tu secreto;
y no te asombres tanto;
que ésta es industria toda, no es encanto;
porque lo que primero
te dije es, español, tan verdadero,
que de las tres madamas
la que examina en ti amorosas llamas
y prueba tu fortuna
es una de las tres y no es ninguna.

(Apaga la luz, vase y cierra la puerta.)

Gabriel   ¡Espera! Fuese y mató
la luz, cerrando la puerta.
Cuando tanto enigma advierta,
¿podré interpretarle yo?
De tres damas que nombró,
afirma que la una es
quien bien me quiere y, después,
que no es de las tres ninguna:

    ¿cómo si es de las tres una,
non es ninguna de las tres?
  No será Beatriz hermosa,
que ha de casarse mañana
con el de Orliens; no su hermana,
que ha de ser de Enrique esposa;
no Armesinda generosa,
que es muy niña su belleza
para tanta sutileza.
Piensamientos, poco a poco;
que me vais volviendo loco,
y ya mi frenesí empieza.

(Salen Montoya, Criado I y Criado II, a quienes se oye hablar arriba en lo alto de la chimenea.)

Montoya   ¿A dónde bueno conmigo,
señores, que, encaramados,
me han hecho pisar tejados
a cierraojos?

Criado II   Ya le digo
que ande y calle, si desea
vivir.

Montoya   Pues ¿de esto se enojan?
¿Por dónde diablos me arrojan?

Criado II   Sabrálo cuando lo vea.

Montoya   ¿Si es verdad esto que toco?
Sin ser chorizo o jamón,
me han colgado a un cañón
chimeneo.

Criado II	Poco a poco;
	que si cae se ha de matar.
Montoya	¿Quién vio a oscuras volatín?
	¡Puf! Llenóseme de hollín
	la boca. ¿En qué ha de parar
	mi ciego descendimiento?
Criado II	Hombre, calla.
Montoya	¡Confesión!
	A humo huelo de carbón.
	¿Mas si hubiese quemamiento?
	Lástima de mí tened.
Gabriel	Una voz se va acercando
	querellosa.
Montoya	Bamboleando,
	doy de pared en pared.

(Asoma Montoya debajo de la campana de la chimenea, colgado de un cordel, vendados los ojos y atadas las manos.)

Si abajo hay leña encendida,
¿qué ha de ser de mi trascara?
Mi chamuscación es clara.
Yo ¿gomorricé en mi vida?
 Pues ¿por qué me carbonizan?
¡Ay, que pienso que me abraso!
Si yo buscara el ocaso
del gregüesco...

Gabriel   Atemorizan
                                   estas voces por venir
                                   a oscuras. ¡Cielos! ¿qué es esto?
                                   Ea, vil temor, dispuesto
                                   estoy, matando, a morir.

(Saca la espada.)

Criado II   Soltadle; que ya estará
                                   en el suelo.

(Suéltanle y cae.)

Montoya   ¡Ay, desloméme,
                                   tullíme, desvencijéme
                                   del golpe!

Gabriel   Hombre, tente allá,
                                   si no quieres que te mate.

Montoya   ¿Qué más tenido me quieres,
                                   si estoy atado?

Gabriel   ¿Quién eres?

Montoya   ¡Ese es gentil disparate!
                                Vesme, y no te puedo ver,
                               ¿y eso preguntas? Yo he sido
                               lacayo, y ya soy Cupido
                               vendado. ¿Quién puede ser
                                   un hombre cuando no vea?

Gabriel   ¿Quién eres, en conclusión?

Montoya	Soy tuétano del cañón de toda esa chimenea. Duélete de un pobre mozo.
Gabriel	No te veo.
Montoya	¿No, por Dios? Luego ¿estaremos los dos en el limbo o en el pozo?
Gabriel	¿Es Montoya?
Montoya	¿Es don Gabriel?
Gabriel	¿Cómo o quién te trajo aquí?
Montoya	¿Sélo yo? Llégate a mí, desátame ese cordel que me tiene estropeado, mientras mis dichas te cuento.
Gabriel	Pues desataréte a tiento.
(Desátale.)	
Montoya	Luego ¿también te han vendado los ojetes, como a mí?
Gabriel	No, pero estamos a oscuras.
Montoya	¡Provechosas aventuras nos suceden! Hacia aquí. ¿Topaste con la lazada?

Gabriel   Álzate.

(Montoya se levanta.)

Montoya   ¡Gracias a Dios!
¿Adónde estamos los dos?

Gabriel   Es una casa encantada.

Montoya   ¡Encantada! ¿Desvarías?
¿Qué dices?

Gabriel   ¿Qué he de decir,
si no hay por donde salir?

Montoya   Libro de caballerías
   alquilaba mi ración,
donde topaba Amadises,
Esplandianes, Belianises,
que de región en región,
   por barbechos y restrojos
descuartizando gigantes,
deshacían, siendo andantes,
los tuertos, y aun los visojos;
   donde sabios de ventaja
encantaban de una vez
princesas de diez en diez,
por «quítame allá esta paja»;
   mas siempre estos hechiceros
—que los más eran traidores—,
encantando a sus señores,
dejaban los escuderos.
   ¿Quieres apostar, señor,
que los monsiures caídos

	nos embaulan, ofendidos de su afrenta y tu valor?
Gabriel	Tenlo por cierto.
Montoya	Emboscados y sin cenar nos cogieron; pero, en fin, nunca murieron de hambre los encantados —cosa que es bien que se note—, mas mis alientos se holgaran que esta vez nos encantaran cuatro platos de gigote.
Gabriel	¡Qué diferentes cuidados son los tuyos de los míos!
Montoya	Diremos mil desvaríos; que estamos encantusados. Mas mejor fuera buscar la puerta de este castillo, si no han echado el rastrillo.

(Llaman dentro, dando golpes en el torno.)

Gabriel	Oye; ¿no sientes llamar?
Montoya	Parece que allí golpean. Diga quien es el que llama.
Gabriel	¿No responden?
Montoya	Será dama de las que vernos desean

                        encantados; y es sin duda,
                        porque, aunque hubiese otros tantos,
                        no bastaran mil encantos
                        a que una mujer sea muda.

(Llaman otra vez.)

Gabriel   Segunda vez han tocado.

Montoya   Y es el toque en la madera
                        de la puerta. No quisiera
                        que hubiese algún lazo armado
                          o trampa por donde voy;
                        que todo encanto es tramoya.

(Vase llegando a tiento al torno.)

Gabriel   Anda, no temas, Montoya.

Montoya   Como no sé donde estoy...

Gabriel   En una sala adornada
                        de doseles y pinturas.

Montoya   Pues la puedes ver a oscuras,
                        no está para ti encantada.
                           Llego a tiento hacia la parte
                        que pulsa el tal llamador.
                        ¿Quién llama? ¿Quién es?

(Llega al torno, que se vuelve, y le coge la cabeza.)

                                        ¡Señor!
                    ¡Jesús!

Gabriel   ¿Quién puede asombrarte?

Montoya   Una cosa que se anda
                   alrededor y me muerde.
                   ¿Ay, si fuese el dragón verde
                   que fue palafrén de Urganda?
                   Llega presto, si deseas
                   que no me desmaye.

(Llégase don Gabriel y tienta el torno.)

Gabriel   ¡Loco,
                   éste es torno!

Montoya   No le toco.
                   Llega tú, pues que torneas.

(Vuelve el torno con dos luces en candeleros de plata, recado para escribir y un billete.)

Gabriel   Con dos luces se volvió.

Montoya   El «lumen Christi» cantemos;
                   di «Deo gratias», pues nos vemos.

Gabriel   ¡Qué es esto, cielos!

Montoya   ¿Quién vio
                   monasterios encantados?
                   Mas soy necio; no hallaré
                   devoto que no lo esté
                   como bojes torneados.

Gabriel   Todo esto tiene misterio.

Montoya   Seremos por lo ordinario,
yo el confesor, tú el vicario,
y éste nuestro monasterio.

Gabriel   Un billete para mí
viene y una escribanía.

(Toma el papel y lee don Gabriel el sobrescrito.)

Montoya   Pues donde hay monjas, ¿podía
faltar billeticos?; di.
   Respóndela con ternura;
que yo seré la andadera.
¡Ojalá con él viniera
la santa bizcochadura!
   Dichosos fuimos los dos.
¡Qué necios discursos hice!

Gabriel   Así el sobrescrito dice:
«Leed solo para vos.»

Montoya   Y ¿para mí?

Gabriel   Aparta allá.

Montoya   En fin, topó tu recato
con horma de tu zapato.

Gabriel   Retira; acabemos ya.

(Lee.)   «Por los papeles que os he usurpado, sé,
don Gabriel Manrique, parte de vuestros amores.

Quien temerosa de perderos os ha impedido el
viaje, mal os le consentirá celosa. El
cuarto de esta quinta que os detiene está
deshabitado, y imposible en él vuestra
salida mientras no juréis, con la seguridad
que los bien nacidos empeñan palabras, y
las firméis de vuestro nombre, no partiros
de nuestra corte sin licencia mía, no
revelar a persona estos secretos, y conjeturar por
señas cuál de las tres primeras
damas es la que en palacio os apetece amante.
Resolveos, o en el silencio de esa prisión
vengarme en vuestra muerte, o disponeros a las
dichas que os prometo, que por el riesgo que
publicadas corren, importa por ahora el secreto
que os fía quien desea hallaros tan
advertido como os ha visto valeroso. El cielo os
guarde.»

(Aparte.)　　　(¿Pudo la imaginación
en novelas marañosas,
sutiles por ingeniosas,
deleitar la admiración
　　con más extraño suceso?)

(Lee para sí otra vez.)

Montoya　　　Sepa yo esa cosicosa.
¿Es verso? ¿Es papel en prosa,
o anda en el aire tu seso?
　　¡Vive Cristo, que me apuran
los peligros que recelo!

(Llégase a leer, y saca contra él don Gabriel la daga.)

Gabriel	¡Loco, necio, vive el cielo...!
Montoya	¡Ay! ¿Los encantados juran?
Gabriel	¡...si otra vez aquí te llegas...!
Montoya	¿Para qué aprendí yo a leer? Si nada tengo de ver, más valiera estarme a ciegas.
Gabriel	Retírate enhoramala.
Montoya	¿Para ti solo que leas dice el papel? Nunca creas monja, mientras no regala, por más ternezas que escriba.
Gabriel (Aparte.)	(«Y conjeturar por señas...»)
Montoya	Las monjas son alhagüeñas; mas si ésta no es donativa, tripularla con desdén, o acudir con cena y camas.
Gabriel (Aparte.)	(«...cuál es de las tres madamas la que en casa os quiere bien...»)
Montoya	Las dos dan; por Dios, que es tarde. ¿Ni cenado ni dormido? ¡Bueno va!
Gabriel (Aparte.)	(«...tan advertido...»)

Montoya	¿Es paulina?
Gabriel (Aparte.)	(«...el cielo os guarde.» ¿Si será Beatriz la dama de tanto artificio autora? Mas no, que a Carlos adora. ¿Si es Clemencia? Mas no, que ama a Enrique. ¿Si es Armesinda? ¡Despenadme, cielo santo!)
Montoya	¡Miren si escampa el encanto! ¡Por Dios, que la flema es linda!
Gabriel (Aparte.)	(Pero séase quien fuere, ¿dejaréme yo morir rebelde, por no admitir leyes de quien bien me quiere? No me manda este papel que ame yo, sino que firme ser secreto y no partirme; pues ¿qué riesgo corro en él, cuando por señas colija quién es quien me hace dichoso? Obedecerla es forzoso.)
Montoya	¡Mala noche y parir hija! En fin, ¿no habemos de hablarnos en toda esta encantación?
Gabriel (Aparte.)	(Respondo a satisfacción.)

(Pone el recado de escribir y una luz sobre un bufete, y responde.)

Montoya	Pues, paciencia y pasearnos.

                        ¿Escribes? Eres discreto.
                        Embillétala, y verás
                        los regalos que tendrás;
                        un villancico o soneto
                            conquista diez mazapanes.
                        Dila que con la andadera
                        la enviarás flores y cera
                        para uno de los san Juanes;
                            que qué puntos calzar suele;
                        que si hay ataifor o caja,
                        que nos dé flor de borraja,
                        o, en fin, que nos bizcotele,
                            o que nos saque de aquí.

Gabriel (Aparte.)   («Haré de mi dicha alarde
                        discreto y fiel. Dios me os guarde.
                        Don Gabriel.» Bueno está así.
                            Cierro, y no le sobrescribo
                        porque su nombre no sé.
                        Vuelvo al torno.)

(Pone el papel en el torno, y vuélvele con otra luz.)

Montoya   ¿No podré,
                        oh señor el más esquivo
                            del orbe para quien vive
                        contigo, ver un adarme
                        del dicho papel? ¿Matarme
                        quieres? ¿Qué es lo que te escribe
                            la soror encantatriz?

Gabriel (Aparte.)   (La esperanza y el temor,
                        con la lealtad y el amor,
                        desean, bella Beatriz,

        que seáis vos de este empleo
        el dueño, y no los seáis.
        ¿Qué he de hacer, cuando causáis
        deseo contra deseo,
           sino enloquecer confuso?)

(Llaman por dentro al torno.)

Montoya   No está el tiempo para gracias.
                  Otra vez llaman. Deo gratias.

(Vuélvese el torno con luz y con un tabaque grande y curioso lleno de comida; cúbrenle unos manteles, y sobre ellos viene otro papel.)

        Sin respondernos, nos puso
          un tabaque provisor.
        ¡Cuerpo de Dios! Don Gabriel,
        ¡qué bien que huele!

Gabriel   Y sobre él
        otro billete.

(Levanta Montoya los manteles.)

Montoya   ¡Oh soror,
        la más callada obradora
        de cuantas amor registra!
        ¡Hágate el cielo ministra,
        abadesa, correctora,
          guardiana, archibispesa,
        pontifista, preste Juana!

Gabriel   «Leed para vos.»

Montoya	¡Oh humana
divina! Ponga la mesa.
Ésta es sopa, éste es capón,
éstos pichones, estotros
gazapos, niños o potros;
ternera ésta; ¡y qué sazón
para quien está en ayunas!
Como yo muy bien ternera.
El pomo con la contera;
ensalada y aceitunas,
con la fruta de sartén.
De tales encantamentos
vengan a dieces y a cientos,
per omnia saecula, amén.
Gabriel	«Cumplid lo jurado; que en amaneciendo,
hallaréis desembarazada la salida; y
advertid que os va la cabeza en el secreto. Camas
hay en que reposéis lo que os han de
permitir —a lo que juzgo— mis artificios; cuanto
más os desvelaren, más tendré
que agradeceros; aunque a participar vos mis
cuidados, no dormiréis mucho ni poco. El
cielo os guarde.»
(Aparte.)	(¡Alto, discursos, dejad
de atormentar mi sentido;
obligado, agradecido
he de ser; cualquier beldad
de las tres puede dar pena
amorosa al mismo Sol,
cuanto y más a un español
pobre y extraño en Lorena!)
Toma esa luz.

Montoya ¿Para qué?

Gabriel Trae todo eso.

Montoya ¿A dónde vamos?
Si aquí encantados estamos,
y hay quien regalos nos dé,
 ¿no es mejor cenarlo aquí
que probar más aventuras?
¿Qué sabes tú si hay figuras
de Rufalda y Malgesí,
 que nos lo quiten delante?
Que suele salir jayán
que se engulle un ganapán
con carga y todo.

Gabriel Ignorante,
 calla y ven; que prevenida
nos tiene quien nos regala
cama y mesa en esa sala.

Montoya Despachemos la comida
 aquí, y entremos después.

Gabriel Acabemos.

Montoya Si te encanta
qualque princesa o infanta,
llámate Partinuplés.

(Vanse. Salen Beatriz y Ricardo.)

Beatriz Hicístelo de suerte

	que infinito tendré que agradecerte. Los que te acompañaron, en fin, ¿nada del caso sospecharon?
Ricardo	Al criado prendieron, y donde los mandé le condujeron, creyendo, a instancia mía, que hacerle alguna burla pretendía. No saben otra cosa.
Beatriz	La traza, si se logra, fue ingeniosa.
Ricardo	Los dos son mis criados, valientes, pero poco aficionados a hacer por conjeturas discursos.
Beatriz	Mis recelos aseguras; alguna vez, Ricardo, satisfacerte este servicio aguardo. Pártete a Italia agora, donde el duque mi padre te mejora; que el cargo que te ha dado en Valencia del Po, cuyo condado le toca por herencia, seguro le tendrás con el agencia que queda a cargo mío.
Ricardo	De ti, señora, mis aumentos fío.
Beatriz	Guarda tú este secreto; que otros más importantes te prometo. Mas mira que es mi gusto que hoy te ausentes.

Ricardo	Harélo por ser justo,
puesto que, aunque en Lorena
me quedara, el leal no desenfrena
la lengua, ni el respeto
osara yo perder a tu secreto.

Beatriz	Nunca yo le fiara
de ti, si tal desaire imaginara;
mas que te partas digo
en todo caso hoy; lleva contigo
los que te acompañaron.

Ricardo	Harélo así, no obstante que ignoraron
el fin de este suceso.

Beatriz	Escríbeme en llegando.

Ricardo	Tus pies beso.

(Vase.)

Beatriz	Temeridades de amor,
¿qué intentáis con arrojaros
sin ojos a despeñaros
a los riesgos de mi honor?
Aficionóme el valor
de España, que en sus blasones
cifró todas las acciones
de un hombre cuyo sujeto
perdió gallardo el respeto
a todas mis presunciones.
    Su memoria me desvela;
enamoróme su gala;

Adonis le vi en la sala,
airoso Marte en la tela;
que se me ausente recela
mi libertad, que no es mía,
porque, enviando una espía
a informarse de quién es,
supo Ricardo después
que esta noche se partía.
    Valíme del industrioso
modo de encerrarle aquí,
hallándose amor en mí,
como en otras, ingenioso.
Crece, porque está celoso,
el fuego que me acobarda;
de los papeles que guarda,
y curiosa le usurpé,
que adora en España sé
desdenes de una Gerarda.
    No sé yo que cuerdo fuese
Carlos en traer consigo
a quien para su castigo
tantas ventajas le hiciese.
Justo fuera que temiese
tan grande competidor,
pues si a vistas sale amor,
y éste es ya mercaduría,
rústica el alma sería
que escogiese lo peor.

(Salen Clemencia y Armensinda.)

Clemencia   Tus tristezas, Beatriz mía,
                     las fiestas nos desazonan;
                     tus bodas las ocasionan,

y tu ausencia las enfría;
apenas espiró el día
cuando te ausentó tu pena
de los ojos de Lorena;
será esta quinta, Beatriz,
más que la corte feliz
si en ella te hallas más buena.

Armensinda
Prima mía, tu belleza
trata al de Orliens con rigor,
si al principio de su amor
pagas gozos con tristeza;
Francia te intitula «alteza»
porque has de ser su consorte,
y, en fe de que eres el norte
por quien todos nos guiamos,
tristes la corte dejamos,
porque tú dejas la corte.
 ¿Qué tienes?

Beatriz
  ¡Ay bella prima!
¡Ay Clemencia! No es tan grave
el mal, si el por qué se sabe,
cuando con causa lastima;
mis penas son un enigma
difícil de declarar;
acrecentando el pesar
que ocasionan las estrellas;
mi congoja influyen ellas,
mi consuelo es el llorar.
 Pasar la imaginación
de libre al temerse ajena
dará motivo a mi pena,
materia a mi suspensión.

                    Tengo a Carlos afición,
                    y considero cuán justo
                    medra mi gusto en su gusto;
                    mas, pues he de ser su esposa,
                    tratemos en otra cosa
                    que divierta mi disgusto.
                       A mí me entretiene el dar,
                    como a otros el recebir;
                    así quiero desmentir
                    desvelos de mi pesar;
                    si me queréis alegrar,
                    honre, hermana, tu belleza
                    los diamantes de esta pieza,
                    y los de ésta, hermosa prima,
                    tu pecho; tendrán la estima
                    que les quita mi tristeza.

                    De las joyas que me dio
                    Carlos, éstas he escogido
                    para las dos.

(Da a Clemencia una banda con una lazada de diamantes, y a Armensinda una cruz de los mismos.)

Clemencia   Ofendido
                    las has, porque juzgo yo
                       que pueden formar querellas,
                    apartándolas de ti.

Beatriz   Mejores dueños las di.

Armensinda   No las he visto más bellas.

Beatriz   Trújolas Carlos de España.

Clemencia	Nación en todo dichosa, hasta en las piedras airosa.
Beatriz	Tal clima las acompaña. Ponéoslas luego; estarán ahora en su misma esfera.

(Pónenselas.)

Clemencia	Cuando su valor no fuera tanto, si gusto te dan enajenadas, por ti toda estimación merecen.
Beatriz	Bizarramente os parecen.
Armensinda	Los duques vienen aquí.

(Salen Felipo, Carlos y Enrique.)

Carlos	Desde que ganó el aplauso común, habiendo salido de la justa victorioso y de parabienes rico, no le he vuelto a ver, y estoy recelándole peligros, porque el valor extranjero con gracias medra enemigos.
Felipo	Perded, duque, esos cuidados; que en Francia siempre han tenido hidalgas estimaciones extranjeros bien nacidos.

                        Yo le he enviado a buscar,
                        y no ha tanto que le vimos
                        honrar a España en Lorena,
                        a costa de sus vecinos,
                        que su falta os desazone.

Enrique   Ya mis pesares retiro,
                        con la presencia olvidados
                        de las bellezas que he visto.

(Hácense cortesía caballeros y damas.)

Felipo   Hijas, sobrina, quejosa
                        nuestra corte, el regocijo
                        podrá trocar en tristezas,
                        [......................-í-o.]
                        ¿Por qué tan presto a Floralba?

Beatriz   Juzgo, señor, por prolijo
                        el tiempo que aquí no empleo;
                        criéme en estos retiros,
                        y no sé hallarme sin ellos.

Clemencia   Como a madama seguimos,
                        y sin ella estamos solas,
                        fuerza el imitarla ha sido.

Felipo   Los generosos en Francia,
                        por excusar el bullicio
                        de la confusión plebeya,
                        moran quintas y castillos;
                        no es mucho que apetezcáis
                        la amenidad de este sitio;
                        que por lo poco distante

                    de Lorena, habréis querido
                    gozar de uno y otro a tiempos.

(Salen don Gabriel y Montoya.)

Montoya (Aparte.)   (Con todos los duques dimos;
                    gracias a nuestra alcaidesa,
                    que nos alzó el entredicho.)

Gabriel (Aparte.)   (Aquí está Beatriz hermosa,
                    con ella a Clemencia miro,
                    su prima las acompaña;
                    ya estoy en el laberinto
                    de mi confusión amante;
                    discursos, demos principio
                    a conjeturas dudosas;
                    ojos, saquemos en limpio
                    por señas mis desengaños.)

Enrique   ¡Don Gabriel!

Gabriel   Príncipe mío...

Enrique   ¿Retirado y victorioso?
                    ¿Hiciérades más vencido?
                    ¿Desde ayer tarde sin vernos?

Gabriel   Militares ejercicios,
                    honrando, gran señor, cansan;
                    dio treguas a su fastidio
                    y mi sosiego la noche.

Enrique   Con recelos la he dormido
                    de alguna desgracia vuestra.

	Hablad al duque Felipo.
Gabriel	Dadme, gran señor, la mano.
Felipo	De las vuestras necesito para derribar con ellas soberbias de presumidos. Mucho le debéis al cielo, pues tanto con vos propicio como con otros avaro, en todo perfecto os hizo.
Gabriel	Honra, señor, vueselencia extranjeros; y yo estimo más el favor que me hace, y el estar en su servicio, que las prendas que encarece y no tengo.
Enrique	Vos sois digno de la privanza con Carlos, venturoso en elegiros.
Gabriel	Bésoos la mano mil veces.
Enrique	Hemos de ser muy amigos.
Gabriel	Muy vuestro esclavo, señor, es solo el nombre que admito.

(Hablan aparte Carlos y don Gabriel.)

Carlos	¿Qué juzgas de mis empleos, don Gabriel? ¿Qué del prodigio

	de la belleza que adoro?
	¿No es milagro?
Gabriel	Es un hechizo
	de voluntades, un cielo,
	un Sol, un fénix, un...
Carlos	Dilo.
Gabriel	...un —¡ay amor que me abraso!—
	querubín de este paraíso.
Carlos	Mientras deidad no llamares
	a Clemencia, poco has dicho.
Gabriel	¿A quién, señor?
Carlos	A Clemencia.
Gabriel	¿Y no a Beatriz?
Carlos	Desatino;
	vínose a la lengua el alma.
	Si tiene en ella dominio,
	¿cómo la desmentiré,
	desmintiéndome a mí mismo?
	Digna es Beatriz del imperio;
	mas no debe hallarse digno
	mi amor de sujeto tanto;
	por eso a Clemencia elijo.
Gabriel (Aparte.)	(¡Pedidme albricias, deseos!)
Carlos	Por más que llamas resisto,

| | ni puedo, Gabriel, ni quiero
| | dar licencia a mi albedrío.
| | Clemencia ha de ser mi esposa,
| | yo su esclavo, tú mi amigo,
| | como no me disuadas
| | que la adore.

Gabriel   Yo te sirvo.

Carlos   Dilataré por ahora
           mis bodas; de un rey soy hijo,
           del que está reinando hermano;
           de su poder participo;
           perdone Beatriz.

(Vase.)

Gabriel (Aparte.)   (Deseos,
           a mi amor os habilito;
           lealtad, ya os quitan estorbos;
           alma, amad, que no os lo impido.
           Los ojos de cuando en cuando
           ocupan en mí benignos
           Clemencia y su prima bella;
           sola Beatriz no ha querido
           favorecerme con ellos.
           Si señas sirven de indicios
           a certidumbres dudosas,
           y en Beatriz no las animo,
           no es Beatriz quien bien me quiere.
           ¡Ay, pensamientos ambiguos!
           Sin competencia de Carlos,
           con mis temores compito.)

Enrique	Un torneo hemos trazado esta noche; mi padrino habéis de ser, porque espero que le mantendré lucido como vos en él entréis; otorgadlo si os obligo.
Gabriel	Favorecéisme hasta en eso; que era el vencerme preciso, a oponerme a vuestras armas.
Felipo	Venid, duque, a preveniros. ¿Qué colores son las vuestras?
Enrique	Blanco, leonado y pajizo.

(Vanse Felipo y Enrique.)

Montoya (Aparte.)	(¿Hemos de estarnos aquí hasta el día del juicio, o rematar con los nuestros, guiados de tus caprichos?)

(Cruza Armensinda la sala para retirarse.)

Gabriel (Aparte.)	(Ésta es Armesinda bella; risueña, en sus ojos pinto esperanzas que no acepto, porque a Beatriz las dedico. Pero —¡ay cielos!— la lazada de diamantes y zafiros, que entre sus joyas me dio mi Gerarda al despedirnos, honra Armesinda en su banda.

       Amor, ¿qué más señas pido?
       ¿Si fue ella la usurpadora
       del robo que anoche me hizo
       el ladrón, todo misterios?
       En años —¡cielos!— tan niños,
       ¿pueden caber sutilezas
       tan extrañas?)

Armensinda (Aparte.)   (Mucho envidio
       la dama, español bizarro,
       dueño de vuestros sentidos;
       que quien a vos os merece
       será en belleza un prodigio.)

(Vase.)

Gabriel (Aparte.)   (Esto está ya declarado.
       ¡Gracias a Dios que averiguo,
       a pesar de oscuridades,
       jeroglíficos de Egipto!
       ¡Ay Beatriz, que he de perder
       mi esperanza, agradecido
       a favores no buscados,
       mas, por cortés, admitidos!

(Pasa Clemencia.)   Clemencia es ésta, ¡y aquélla
       la cruz que de mi martirio
       fue instrumento, y de Gerarda,
       no diamantes, sino vidrios.
       ¿Qué es esto, sueños despiertos?
       ¿Ojos, podré desmentiros?
       ¿Alma, podré recusaros?
       ¿Amor, podré reprimiros?)

(A don Gabriel.)

Clemencia   Yo conozco, don Gabriel,
                   cierta dama que me ha dicho
                   que tiene el gusto español
                   después que en Francia os ha visto.

(Vase.)

Montoya (Aparte.) (Bergamota es esta pera;
                   madura está, ¡vive Cristo!
                   vaya con cáscara y todo;
                   que no has menester cuchillo.)

Gabriel (Aparte.) (Yo estoy loco, yo lo sueño;
                   de mí propio me distingo;
                   no os doy crédito, ilusiones;
                   no os escucho, no os admito.

(Pasa por delante de él Beatriz sin mirarle, leyendo un papel.)

                   Beatriz grave y desdeñosa
                   aun no me ha juzgado digno
                   objeto para sus ojos.
                   ¡Qué imperiosos y qué esquivos!
                   Pero alentaos, esperanzas;
                   recobraos, amor perdido,
                   pues trae la firmeza al pecho
                   que idolatran mis suspiros.
                   De señora ha mejorado;
                   pasó al hermoso dominio
                   de un Sol que rayos coronan,
                   de un cielo que hospeda signos.
                   De Gerarda fue; ofendióla
                   —como es mudable— su olvido;

　　　　　　　　　　firmeza es, busco firmezas;
　　　　　　　　　　si en ellas me hiciese rico,
　　　　　　　　　　guarnezca constelación
　　　　　　　　　　del globo celeste el cinto
　　　　　　　　　　tachonado de oro eterno,
　　　　　　　　　　que al Sol adorne el camino.
　　　　　　　　　　Leyendo un memorial pasa.)

(Vase Beatriz.)

Montoya　　　　　Ésta es de casta de pinos;
　　　　　　　　　　rollo espetado y derecho
　　　　　　　　　　parece de pergamino.

Gabriel (Aparte.)　(Las demás me favorecen
　　　　　　　　　　hablándome, ¡y aun no quiso
　　　　　　　　　　siquiera Beatriz mirarme!
　　　　　　　　　　Amor, si sois discursivo,
　　　　　　　　　　filosofead ingenioso.
　　　　　　　　　　¡Vive Dios, que hay escondido
　　　　　　　　　　en esto más de un misterio!
　　　　　　　　　　Problemas, ya soy Edipo.
　　　　　　　　　　¿De palabras favorables
　　　　　　　　　　las dos y humanas conmigo,
　　　　　　　　　　y Beatriz, toda severa,
　　　　　　　　　　con tal silencio? Este aviso
　　　　　　　　　　es examen de mi ingenio;
　　　　　　　　　　certidumbres sois, indicios;
　　　　　　　　　　las señas fueron no hacerlas;
　　　　　　　　　　cifras con cifras descifro.
　　　　　　　　　　Para deslumbrarme más,
　　　　　　　　　　las joyas ha repartido
　　　　　　　　　　en todas; y con no verme,
　　　　　　　　　　quiere que viva advertido

                    de lo que el secreto importa.
                    Esto es lo cierto, esto sigo;
                    amar por señas sin señas
                    sabrán los bien entendidos,
                    sirviéndoles yo de ejemplo.)
                    Vamos, Montoya.

Montoya   Bendito
                    el amo primero sea
                    que «Vamos, Montoya» dijo.

                    Fin de la primera jornada

Jornada segunda

(Salen Felipo, leyendo en voz alta una carta, Carlos, Enrique, Beatriz, y don Gabriel.)

Felipo «Duque primo; aunque con mi gusto y
permisión se partió mi hermano a
desposarse con Beatriz vuestra hija,
importa a mi servicio que por agora
se suspenda ese casamiento o se ejecute
con su hermana Clemencia. Yo estoy
viudo, Francia sin heredero, Beatriz
digna de más alta fortuna, vos propincuo
a nuestra sangre, y mi corona deseosa
de sujeto que la merezca. Considera
las mejoras que de esta acción se os
siguen, y la obligación que os corre
a cumplir lo que os ordeno. Yo el Rey»

   Esto el rey nuestro señor
me escribe.

Carlos   Fuerza ha de ser,
por no irritar su rigor,
sentir, al obedecer,
los malogros de mi amor.
   No sin causa mis recelos
mis bodas apresuraban;
pues, profetas mis desvelos,
en calma pronosticaban
la tormenta de mis celos.
   Deme Clemencia la mano,
si en tal pérdida merezco
el bien que con ella gano,

	y sepa que le obedezco
	el rey, mi señor y hermano.

Enrique Eso no, duque, eso no;
prendas que en el alma estimo
no he de enajenarlas yo;
mi sangre es real, vuestro primo
me llama Francia; no os dio
  más acción naturaleza
que a mí, ni las majestades
ofenderán su grandeza;
amor, de las voluntades
es rey, si vos sois alteza;
  Clemencia está agradecida
a mi voluntad, Clemencia
dirá, de vos ofendida,
que no es el amor herencia
que se ha de usurpar en vida.

Carlos Duque, yo a Beatriz adoro,
y a mi rey vivo sujeto;
su padre está aquí...

Enrique   No ignoro
que pretendéis en secreto
mudanzas contra el decoro
  que en su hermosura ofendéis,
y que al rey, a quien echáis
la culpa que vos tenéis,
no es mucho que obedezcáis,
si os manda lo que queréis.
  Dueño soy de prometido
de Clemencia; mi fe labra
en ella amor más que olvido,

                    su padre me dio palabra
                    de su esposo; ésta le pido,
                        y ésta, cuando se me niegue,
                    buscará satisfacción
                    armada.

Felipo   Duque, no os ciegue
                    sin discurso la pasión
                    tanto que a perderos llegue.
                        A Clemencia os ofrecí,
                    subordinando en mi rey
                    palabras que entonces di.

Enrique   ¿Esa es nobleza? ¿Esa es ley?
                    No tiene dominio en mí
                        el rey de Francia; mi estado
                    solo al César reconoce,
                    de Francia privilegiado.
                    Primero que Carlos goce
                    la prenda que me ha usurpado,
                        la venganza y el rigor
                    atajará inconvenientes;
                    mi agravio tiene valor,
                    poder y armas mis parientes,
                    celos fuerzas, y yo amor.

(Vase.)

Felipo   No sin causa está quejoso;
                    que es amante y ofendido.
                    Templarle será forzoso;
                    que va con razón sentido,
                    y es Enrique poderoso.

(Vase.)

Beatriz   Muestras habéis, duque, dado
                 en la mudanza presente
                 de que sois cuerdo obediente,
                 pero poco enamorado.
                 El interés coronado
                 probar mi firmeza quiso,
                 pero ofendida os aviso
                 que es tanta la presunción
                 de mi altiva inclinación
                 que a mis pies sus lises piso.
                    Yo apetezco rendimientos,
                 finezas y voluntades,
                 no ambiciosas majestades
                 que amenazan escarmientos.
                 Yo penetro pensamientos
                 que honestáis con la apariencia
                 de la hipócrita obediencia
                 que conmigo os disculpó.
                 Yo conozco al rey, y yo
                 sé que adoráis a Clemencia.

(Llora mirando a Carlos, vuelve luego la cabeza a don Gabriel, ríese y se va.)

Carlos   Gabriel, detenla, repara
                 que, corrido de ofenderla,
                 es un rayo cada perla
                 que contra mi amor dispara.
                 Cuando nunca adivinara
                 las mudanzas que no ignora,
                 quien tales hechizos llora
                 y así mis agravios juzga,
                 ¿qué mucho que me reduzga,

        si castigando enamora?
   Mejórese mi cuidado;
alma, mudemos de estilo;
imagen soy de Perilo;
mi tormento me he labrado.
¡Ay cielos! Si enamorado
mi hermano ocasiona estremos,
alma, ¿cómo viviremos?
Ciego niño, pues sois dios,
estudiad palabras vos
con que la desenojemos.

(Vase.)

Gabriel   ¡Lágrimas a Carlos, cielos,
y al mesmo tiempo con risa
mirándome quien me avisa
que hay gustos entre desvelos!
Beatriz llora, y me da celos,
Beatriz con risas provoca
mi esperanza, o cuerda o loca;
¿a quién creeremos, enojo,
a las perlas de sus ojos
o a la risa de su boca?
   Llorando, a Carlos miró,
riyéndose, me asegura;
con llanto a Carlos conjura,
con risa mi fe alentó;
nunca en los ojos mintió
el amor cuando suspira;
que el engaño habla y no mira,
y aposenta la beldad
en los ojos su verdad,
en los labios su mentira.

Según esto, a Carlos dijo
verdades en que mostraba
pena porque la olvidaba;
que amor de la vista es hijo.
Según esto, ya colijo
que, en confusión tan precisa,
quien me desdeña me avisa;
¿quién vio jamás, ciego encanto,
los favores en el llanto,
los desdenes en la risa?
   Pero si Beatriz no fuera
quien mi esperanza alentara,
ni con el duque llorara,
ni conmigo se riyera.
Llora porque considera
muerto a Carlos; no me espanto
si, aborreciéndole tanto
que sin vida desea verle,
las obsequias quiso hacerle
con el luto de su llanto.
   Llore por él, si es castigo
de su leve voluntad;
que siempre es noble piedad
llorar por el enemigo.
Ríase Beatriz conmigo,
porque esperanzas pequeñas
medren con muestras risueñas
la fe que conservan viva;
que en ellas mi amor estriba,
pues tengo de amar por señas.

(Quédase suspenso y no repara en Clemencia que sale con un billete abierto.)

Clemencia (Aparte.)   (¿En el suelo tal papel?

Poco le debe al cuidado
de quien perderle ha dejado
el español don Gabriel.
 En el cuarto de mi hermana
le dejó el descuido en tierra;
si es ella quien me hace guerra,
saldréis, esperanza, vana.
 ¡Papel de tanta importancia
y con tan poca advertencia
que le olvida la imprudencia,
cuando cada circunstancia
 de las que en él he leído
amenaza con agravios,
si le publican los labios,
a destierros del olvido!
 ¿Don Gabriel juramentado
a no partirse, y a amar
por señas que le han de dar,
mudo siempre su cuidado?
 ¿Y que lo firma, y que ofrece
alcanzar por conjeturas
cuál de las tres hermosuras
en palacio le enloquece?
 ¿Si será Beatriz? Mas no;
que ésta ya, toda arrogancia,
reina se sueña de Francia.
Pues no soy su autora yo.
 Según esto, nadie ha sido
sino Armesinda quien quiere
que esperando desespere
el español. No ha tenido
 hasta agora voluntad,
que yo sepa, a quien desvelos
deba de amor o de celos;

    que éstos piden más edad.
      Si es ella, pues, sutileza
    notable abona su amor;
    ¿qué ha de hacer cuando mayor
    quien niña con esto empieza?
      Ahora bien, por señas quiere
    desmentir publicidades;
    prosigamos novedades
    que no alcance quien las viere.
      Aquí el español está.
    ¡Qué suspenso, qué elevado!
    El primer enamorado
    sin saber de quién será,
      porque si de tres es una
    y no conoce a quién es,
    mientras pretendiere a tres,
    no vendrá a tener ninguna.)
      ¡Don Gabriel!

(Don Gabriel vuelve como de una profunda suspensión.)

Gabriel	¿Señora mía?
Clemencia	Retirado os han los ojos contemplativos enojos al alma; mas ¿qué sería que mereciese Lorena ofreceros la ocasión de tan tierna suspensión?
Gabriel	Sabrosa fuera esa pena; mas ni yo la he merecido ni, extraño aquí, me prometo tanto bien.

Clemencia	Siempre el secreto
es blasón de bien nacido.
Habíanme dicho a mí
que una hermosa tiranía
blasonaba que os tenía
sin alma.
Gabriel	¿En Lorena?
Clemencia	Sí,
y que, aumentándoos suspiros,
entre apacible y cruel,
os obligó en un papel
a prometer no partiros
sin gusto suyo.
Gabriel (Aparte.)	(¡Ay cuidado!
Si señas buscando andáis,
ya las tenéis; ¿qué dudáis?)
¿Papel?
Clemencia	Y en él empeñado
el valor que obliga a un hombre
de vuestra sangre y talento;
su fiador, un juramento,
y su firma vuestro nombre.
Gabriel (Aparte.)	(Probar quiere de la suerte
que cumplo el saber guardar
secretos; yo he de negar
las señas con que me advierte,
mientras más no se declara,
y a lo contrario me obliga.)

>   No sé, señora, qué diga
>   a mentira que es tan clara.
>   ¿Yo papel, yo juramentos?
>   ¿Yo empleo en esta ciudad?

Clemencia
>   Pues lo negáis, escuchad;
>   oíd encarecimientos
>   que, de puro exagerados,
>   vuestro crédito recelan.

Gabriel
>   Si a algún celoso desvelan,
>   gran señora, mis cuidados,
>   y intenta con ese ardid
>   perseguirme...

(Clemencia muestra el papel que él escribió.)

Clemencia
>   Don Gabriel,
>   vuestro es aqueste papel,
>   vuestra aquesta firma. Oíd.

>   «Ensoberbeciérame la dicha de tan no esperado bien, si la experiencia de mis pocos méritos no me avisara ser más curiosidad de saber a lo que se extiende el talento de los españoles que empleos fuera de los límites de sujeto tanto. Mas como quiera que sea, mi señora, yo estoy dispuesto a obedeceros en todo, y así desde hoy viviré muy subordinado a vuestras órdenes, jurando por la fe de caballero de no ausentarme de esta corte sin vuestro expreso gusto, de desvelar mis

sentidos hasta averiguar —como mandáis—
por señas cuál de las tres bellezas
superiores de esta casa me dispone a
tanta dicha, y de no comunicar con
viviente mercedes tan deudoras del
silencio, sujetándome al castigo
propuesto, si le profanare, y apercibiendo
desde aquí los ojos, en cuyo estudio haré
alarde de mi suerte. El cielo os guarde
para felicidades superiores, etc.
Don Gabriel Manrique.»

    Decid que no es vuestra ahora
la carta de obligación
que os tiene casi en prisión.

Gabriel   Si habéis vos sido la autora
   del examen que queréis
hacer de mi ingenio corto,
y yo la lengua reporto
con el recato que veis,
   ¿para qué más confusiones,
equivocando las señas
que entre esperanzas pequeñas
atormentan mis pasiones?
   Vuecelencia ¿qué procura?
¿A qué propósito agora
leerme el papel, señora,
que os escribió mi ventura?
¿He yo acaso delinquido
contra lo que en él prometo?
¿Comuniqué su secreto,
loco de favorecido,
   con persona que se alabe

    que mi palabra rompí?
Desde el punto que seguí
al que vuecelencia sabe,
   favorable robador
de mi caudal —ya dichoso
por ser vos su dueño hermoso—
hasta agora, ¿en qué el valor
   que profeso os ha ofendido?
¿He dicho yo la ocasión
de mi agradable prisión,
encerrado y detenido
   en el cuarto cuyo adorno
solo pudo vuestro ser?
¿Quién hay que pueda saber
lo de la sala y el torno,
   la industria ingeniosa y nueva
de entregarme a mi criado,
el hospicio regalado,
de quien sois ilustre prueba,
   los dos papeles discretos
al paso que misteriosos,
que me intiman amorosos
la guarda de estos secretos,
   la afable serenidad
que, cuando libre salí,
en vuestro semblante vi,
y luego...?

Clemencia   Tened, parad;
   que vais confundiendo cosas
de algún frenesí compuestas.
¿Qué torno o salas son éstas?
¿Qué prisiones misteriosas?
   ¿Qué robador, qué criado?

	Don Gabriel, ¿estáis en vos?
Gabriel	No sé, señora, por Dios; débolo de haber soñado. Si secretos que sabéis esos mismos extrañáis, si tantas señas negáis, y conmigo os ofendéis porque con vos me disculpo, mucho os debe de importar el verme desatinar. Mi atrevida lengua culpo; no se trate más en esto.
Clemencia	¿Yo a vos dos papeles? ¿Yo joyas robadas? ¿Quién vio frenesí tan manifiesto?
Gabriel	Ilusión debió de ser.
Clemencia	¿Hacia qué parte de casa cae el cuarto donde pasa tanto engaño? ¿En qué mujer sospecháis que pudo haceros burlas que fingiendo estáis?
Gabriel	Si a vos misma os preguntáis, podréis por mí responderos; que yo no oso declararlo.
Clemencia	¿Un torno decís que había en la sala que os tenía preso?

Gabriel	Debí de soñarlo.
Clemencia	Enseñad los dos papeles
que esa dama os escribió.
Gabriel	Señora...
Clemencia	Mándooslo yo.
Gabriel	Los bien nacidos son fieles.
Mientras no tenga evidencia
de que vos la beldad fuistes
que estas cosas dispusistes,
bien podrá vuesa excelencia
con mi muerte en su rigor
experimentar aprietos,
mas no saber los secretos
que hacen prueba en mi valor.
Morir honrado, eso sí;
manchar mi fama, eso no.
Clemencia	¿Y os persuadís a que yo
la dama encubierta fui
que quiso experimentar
con traza y modo tan nuevo
vuestro ingenio?
Gabriel	No me atrevo,
por no ofenderos, a hablar.
Clemencia	Acabad, no me enojéis;
éste es mi gusto; que intento
saber con qué fundamento
de los discursos que hacéis

| | la persona adivináis
| | que os obliga a amar por señas.

Gabriel   No son, señora, pequeñas
              las que en ese papel dais,
                 aunque me arriesgue a arrojarme
              en tal golfo.

Clemencia   ¿Queréis bien,
              en fin, sin saber a quién?

Gabriel   ¿De qué sirve examinarme
                 en cosas que vos sabéis,
              y yo nunca he de deciros?

Clemencia   ¡Que podáis vos persuadiros
              a que yo os amo! ¿No veis
                 que, siendo Enrique mi igual,
              y vos extraño...?

(Sale un Paje.)

Paje   Madama,
              a vuestra excelencia llama
              el duque mi señor.

(Vase.)

Clemencia   Mal
              vuestras señas conjeturan;
              examinadlas mejor.
              A Carlos le debo amor;
              los servicios me aseguran
                 de Enrique; estad advertido,

　　　　　　ya que os habéis empeñado,
　　　　　　en que no todo llamado
　　　　　　alcanza ser escogido,
　　　　　　　y que ardides ingeniosos,
　　　　　　joyas poco defendidas,
　　　　　　prisiones favorecidas,
　　　　　　papeles dificultosos,
　　　　　　　torno, salas y ocasiones
　　　　　　son exámenes discretos
　　　　　　de vuestro ingenio y secretos;
　　　　　　id averiguando acciones,
　　　　　　　ya advertid, si imagináis
　　　　　　que de lo que ha sucedido
　　　　　　yo, Gabriel, la autora he sido,
　　　　　　que acertáis y no acertáis.

(Vase.)

Gabriel　　　¿Cómo, si acierto, no acierto?
　　　　　　¡Válgate Dios por mujer!
　　　　　　Otra vez me vuelvo a ver
　　　　　　en el golfo y en el puerto;
　　　　　　otra vez confuso advierto
　　　　　　la paradoja importuna
　　　　　　de mi equívoca fortuna.
　　　　　　No hay que dudar; Clemencia es
　　　　　　la que es una de las tres,
　　　　　　y de las tres no es ninguna.
　　　　　　　Acertar y no acertar
　　　　　　¿no es lo mismo? ¿De qué suerte
　　　　　　será posible que acierte
　　　　　　en lo que es forzoso errar?
　　　　　　Si por señas he de amar,
　　　　　　que Clemencia me ama es cierto.

          ¡Ay cielos! Sueño despierto,
          pierdo cuanto estoy ganando,
          soy lince y a oscuras ando,
          y en fin acierto y no acierto.

(Sale Carlos.)

Carlos   Gabriel, Beatriz celosa
          merece por discreta, por hermosa,
          ocupar mis desvelos
          en tierna suspensión, no en darla celos.
          Mas si a Clemencia miro,
          olvidando a Beatriz, luego retiro
          el primer pensamiento;
          y de no darla el alma me arrepiento.
          Inclíname Clemencia,
          móvil de mis sentidos su presencia,
          y, loco en este empleo,
          de ella me aparto, y a su hermana veo,
          que, volviendo a rendirme,
          culpa mi poca fe de poco firme;
          y, entre las dos perdido,
          en círculo mi amor desvanecido,
          de mis deseos esclavo,
          vuelvo ciego a empezar por donde acabo.
          ¿Qué haré cuando navego
          entre Escila y Caribdis?

Gabriel (Aparte.)   (Mal un ciego,
          si no es que desvaría,
          a otro ciego servirá de guía.)

Carlos   ¿Qué dices?

Gabriel   Que si adora
a tu Beatriz el rey y te enamora,
como dices, Clemencia,
sigas tu inclinación y su obediencia.

Carlos   ¡Ay cielos, que te engañan
quimeras que mis penas enmarañan!
A instancia solo mía
el desposorio estorba; mi porfía
y el amor que me tiene
hizo escribir la carta que previene
en mí nuevos desvelos.
¡Pluguiera a Dios que el rey me diera celos
con Beatriz, que a Clemencia
me obligara a olvidar su competencia!
Mira, español discreto,
amor sin competir pierde el afeto
con que se perficiona;
con celos sus quilates proporciona.
Si a Clemencia ama Enrique,
¿qué mucho que celoso sacrifique
mi gusto a sus deseos?
En lo fácil amor no logra empleos.
Beatriz no tiene amante
que en su favor feliz se me adelante;
por esto en su belleza,
con ser tanta, se engendra mi tibieza.
Pienso yo —y es sin duda—
que, si de objetos mi esperanza muda,
es porque en mi deseo,
sin ser difícil, a Beatriz poseo,
y que en otro empleada
Clemencia, cuanto más dificultada,
es más apetecida;

	que amor con imposibles cobra vida. Ven acá; haz una cosa, y encenderásme tú en Beatriz hermosa; dame con ella celos.
Gabriel	¿Qué dices, gran señor?
Carlos	En ti los cielos gracias depositaron, Gabriel, que mis deseos envidiaron; digno eres que compitas con sujeto mayor.
Gabriel	Desacreditas tu discreción con eso.
Carlos	Tú eres mi amigo fiel, yo estoy sin seso; finge que, enamorado de Beatriz, y en España potentado, por verla te humillaste a servirla, y tus prendas disfrazaste. Si en mi amistad apoyas la tuya, don Gabriel, daréte joyas con que este engaño ostentes y allanes, dadivoso, inconvenientes. Reparte, desperdicia, gasta Alejandro, colma la codicia de avaros medianeros; que las alas de amor son los dineros. Doradas flechas tira; yo apoyaré industrioso tu mentira.
Gabriel	Vaya, pues tú lo quieres; mas no formes de mí, cuando me vieres

	por tu gusto empeñado,
quejas que den tormento a tu cuidado.
Carlos	¡No has de amarla de veras!
Gabriel	No, que son mis lealtades verdaderas,
puesto que amor, que es loco,
acaba en mucho, aunque comience en poco.
Carlos	Ven, que no me fiara
de ti si en tu lealtad no edificara
la máquina presente.
Tenga amor yo a Beatriz perfectamente;
que en tu amistad presumo
que si el azogue se resuelve en humo
después que el oro afina,
amor que con los celos se examina
sabrá, apartado de ellos,
en humo como azogue resolvellos.
Gabriel	El que en azogues trata,
si no la vida, su salud maltrata;
pues tal vez le sucede
que con temblores de azogue quede,
y otro se lleve el oro.
Teme el riesgo, señor, que yo no ignoro;
pues dice un avisado
que es todo uno celoso y azogado.

(Vanse. Sale Armensinda.)

Armensinda	El amor y la sospecha
nacieron en una casa;
ciego aquél, todo lo abrasa;

lince ésta, todo lo acecha.
Después que mal satisfecha
miro acciones
de este español, mis pasiones
conjeturan
que ausentes penas le apuran
la paciencia que retira
el alma. A solas suspira;
suspensiones le procuran
enajenar de beldades
que, usurpando voluntades,
materia dan a desvelos,
porque, sin amor y celos,
nadie busca soledades.
¿Hablando siempre entre sí
quien lances de amor ignora?
No es posible; luego adora.
   ¿Dónde, pues, si no es aquí?
Será en su patria —¡ay de mí!—.
¡Que entre engaños
lloran mis primeros años
competencias
que disfrazan apariencias
y, en tan riguroso extremo,
temiendo, no sé a quién temo!
Amo aquí y envidio ausencias
que ocultas muerte me den;
¿quién quiso hasta ahora bien
que a comparárseme venga,
ni quién —¡cielos!— hay que tenga
celos sin saber de quién?

(Sale Montoya.)

Montoya	Cuanto sueño, cuanto miro
desde la noche pasada
se me antoja chimeneas,
guindaletas, tornos, trampas,
aventuras, estantiguas,
monjas, jayanes, fantasmas,
quintas, castillos, quimeras.
¡Válgate el diablo la casa!
Armensinda (Aparte.)	(Éste sirve a don Gabriel
y, trayéndole de España,
sabrá quién es la belleza
que ausente tan mal le trata;
informarme de él pretendo.)
Montoya	Alrededor se me anda
cuanto topo, cuanto piso;
garatusas, musarañas
me parece cuanto veo.
Armensinda	¡Hola!
Montoya	Vuexcelencia añada
dos «eles» y una «a» al tal «ola»,
vendréme a llamar «Olalla».
Armensinda	¿A quién servís?
Montoya	Pues yo ¿sélo?
Cristiano soy por la gracia
de Dios; serviréle a él,
y después de Dios al papa
que en su iglesia vicariza,
y tras éste al rey de España,

	hasta tener lamparones
que me cure el rey de Francia.
Luego a don Gabriel Manrique,
a quien en palacio embauca
un duende monjitornero,
que invisible nos regala.
Armensinda	Venid acá.
Montoya	Estoy venido.
Armensinda	¿Sabréis decirme la causa
que tanto melancoliza
a vuestro dueño?
Montoya	¿No basta
a entristecer cuatro bodas
una noche toledana,
un torno tras un torneo,
una maleta mamada,
una cena por tramoya,
tres billetes y dos camas?
Armensinda	¿Qué decís, estáis en vos?
Montoya	Debo estar en Guatemala,
y mi dueño en Guatebuena;
despertadme vos, madama,
tirándome las narices.
Armensinda (Aparte.)	(Éste es loco.)
Montoya	¿Sois la infanta
Lindabrides, a lo Febo,

                a lo amadisco, Oriana,
                Gridonia, a lo Primaleón,
                Micomicona, a lo Panza,
                o a lo nuevo quijotil,
                Dulcinea de la Mancha?
                ¿Qué desmesura vos puso
                en tanta cuita? ¿Qué fadas,
                qué Artús encantadero
                tal fermosura maltrata?
                ¿Quién vos fizo tuerto o vizco?
                ¡Mal haya el torno, malhaya
                el sortijo de Brunelo,
                si quien vos busca no os halla!
                No os le volváis a la boca.

Armensinda   Hombre, ¿sabes con quién hablas?

Montoya   Con Angélica la bella,
                tan bella como bellaca;
                si no, dígalo Medoro,
                aquel morisco sin barbas,
                que diz que la fizo dueña
                en una choza de paja.

Armensinda   Descortés, descomedido...

Montoya   Si se ensuegra, si enmadrastra
                porque esta nigromancia
                la trampeó lo que pasa,
                oiga verdades tan puras
                que no tienen pizca de agua,
                porque, a tener media gota,
                nunca yo se las contara.
                ¡Vive Dios, que está mi seso

con todas las zarandajas
de cuerdo a prueba de brujos,
que nos hacen garambainas!
Va de cuento; mi señor
—después de las alabanzas
que en el sarao y torneo
le dieron duques y daifas—,
sin comunicar conmigo
secretos —que me los guarda,
no sé yo con qué conciencia,
siendo toda su privanza—,
sin chistárselo a persona,
de noche ensillar me manda
y, dejando estos países,
iba a enfardelar a Holanda.
Brindóle el sueño dos millas
de esta selva encantusada,
que a esta quinta —o a esta sexta—
sirve de sombra o guirnalda;
y, apeándose en su centro,
mientras convida a ensalada
a nuestro frisón la yerba,
perejil de la cebada,
recostado en el cojín
y yo dormido en estatua,
—quiero decir, como grullo—,
la Luna entre yema y clara
le hurta un hombre la maleta.
Corre en su alcance, la espada
«en puribus», por el bosque;
y yo, abriendo las pestañas,
oigo cuitas del rocín,
cuarteado de dos maulas.
Quise desfacer el tuerto,

pero por detrás me agarran
dos Galalones monsiures;
ojos y boca me embargan
y, sin decir chus ni mus,
las manos a las espaldas,
en la silla atado el cuerpo,
y en Sansueña presa el alma,
a oscuras corro la posta,
hasta que después me abajan,
luego a un tejado me suben
y, al cabo de esto, me envainan
por un esmeril de yeso,
guindándome hasta una sala,
sin haberse otra vez visto
lacayo por cerbatana.
Conocímonos a ciegas
mi dueño y yo, y a mi instancia,
desencordelado el cuerpo,
las lumbreras me destapa;
pero entrambos tan a oscuras
como antes, porque la cuadra,
avarienta de un candil,
sin luz nos desatinaba.
Alternábamos a versos
él y yo nuestras desgracias,
con temor de otras peores,
y hételo que a un torno llama
no sé quién; fuimos a tiento
y, respondiendo «Deo gratias»,
se nos vuelve el bofetón
y, sin hablarnos palabra,
nos presenta dos bujías
encendidas y una carta,
con papel, pluma y tintero.

Mi dueño de mí se aparta;
leyó para sí el billete;
treinta veces le repasa,
santiguando el frontispicio;
pregúntole el por qué, y calla;
mas, respondiendo con otro,
vuelve la atahona, y halla
tercer billete, y con él
una pródiga canasta
de potable y comestible.
Gozamos de la abundancia
y, acostándonos repletos
en dos magníficas camas,
despertamos a las trece,
hallamos la puerta franca
y, atravesando salones,
dignos todos de un patriarca,
nos hallamos a la vista
de tres duques, tres madamas
y tres mil encantamientos.
Esto, en suma, es lo que pasa,
y lo que yo alcanzar pude;
juzgue ahora, siendo alcalda,
si es maravilla que crea
que de Medusas y Urgandas
está este palacio lleno,
y que alguna nigromanta
enmaga con su hermosura
a cuantos viven en casa.

Armensinda   A no teneros por loco
y juzgar que disparatan
vuestros discursos enfermos,
no sé lo que maliciara

                  de todas esas quimeras.

Montoya   Voto a toda una semana
de fiestas y de domingos,
aunque entre en ellos la pascua,
que es lo que digo tan cierto
como que hay bellezas calvas
que se solapan con moños,
que hay títulos con mohatras,
que hay doncelleces con hijos,
que hay tintoreros de barbas,
y que hay dientes de alquiler
que se mudan.

Armensinda   Basta, basta.
En fin, ¿a vos os trajeron
a un cuarto de nuestra casa
y a vuestro señor también,
por engaño?

Montoya   Por fayancas
nocturnas y encantatrices.

Armensinda   Pues ¿qué hizo entonces la espada
de vuestro dueño que, ociosa,
de dos hombres no os libraba,
siendo español tan valiente?

Montoya   Pues contra encantos ¿hay armas
que defiendan a un Golías?
Cuando se le antoja, saca
un libro enano del seno
el nigromanto o la maga
y, en leyendo dos renglones,

	a pares los grifos bajan que desmayan Palmerines, y los llevan en volandas a la isla de las lechuzas. Poco sabe de las chanzas de un Fristón encantador contra príncipes de Jauja.
Armensinda	¿Torno la pieza tenía?
Montoya	Mantenía y torneaba, pues a las tres torneaduras cena nos dio torneada.
Armensinda	¿Y no sabéis, en efeto, lo que contienen las cartas o papeles?
Montoya	Pretendílo; pero, sacando la daga contra mí —mal le conoce—, me echó mucho en hora mala; que para vuesa excelencia no hay secreto de importancia que le reserve mi boca.
Armensinda	Cosas me contáis extrañas. Recibid esta cadena.
Montoya	¿Para qué?
Armensinda	Para trocarla por un secreto que intento fiaros.

Montoya	¿Cadena? ¡Guarda! Non fago yo esas sandeces.
Armensinda	¿Por qué?
Montoya	Temo, siendo maula, que en carbón me la conviertan los duendes de esta posada.
Armensinda	Bueno está ya de locuras; acabad.
Montoya	Tómola. Vaya de interrogación ahora.
Armensinda	¿A quién, decid, en España tuvo don Gabriel amor?
Montoya	Una ninfa toledana sospechamos que le puso tal vez silla y tal albarda los que andábamos con él.
Armensinda	¿Que lo sospechaste?
Montoya	Guarda mi señor tanto secreto que, con darnos leche un ama y fiarme la despensa, no me fía una palabra. Pero como amor es niño, y los niños nunca callan, sacamos por los gorjeos

                quién es a quien dice «mama».

Armensinda   Y ¿quién era la dichosa?

Montoya   Era y es una Gerarda,
                      digna de todo un cabildo
                      de Píramos.

Armensinda   ¿Muy bizarra?

Montoya   Tan bizarra y gentil hembra
                      que, a no ser desmantelada,
                      con guarniciones de fría
                      entre desaires de larga
                      y presunciones de boba,
                      pudiera ser archidama.

Armensinda   Pintámela, si sabéis.

Montoya   Va de pintura en estampa.
                      Semirubia de cabellos,
                      frente desembarazada,
                      cejas buenas, ojinegra
                      —ya no se usan ojizarcas—,
                      puesto que eran más ojetes
                      que ojales las luminarias,
                      por lo pequeño y redondo,
                      que en las fermosas se rasgan.
                      Las mejillas, por estremo,
                      ni bien mármol ni bien grana,
                      mezcla sí de las dos sierras,
                      la Bermeja y la Nevada.
                      En proporción las narices,
                      ni judaizantes ni chatas,

ni nabo por corpulentas,
ni alezna por afiladas.
Buenos labios, malos dientes,
porque, aunque era su tez blanca,
a caballo unos sobre otros,
tanti-cuanti moriscaban.
La garganta, cuelli-erguida,
cándida, gruesa, torneada,
y tal que hiciera yo un Judas,
a haber saúcos gargantas.
Las manos, no hay que pedir
en ellas porque no daban,
puesto que ambas recebían,
y eran muy hermosas ambas.
Privilegiado de cuartos
el tallazo; más avara
en las obras que en el cuerpo...
Lo demás, el argonauta
de tal golfo que le pinte,
si hay quien tenga dicha tanta
que mida con la experiencia
los grados del dicho mapa.

Armensinda	¿Quiso a vuestro dueño mucho?
Montoya	Quiso a muchos; que mudaba, como si fueran camisas, tres a tres cada semana.
Armensinda	¡Válgame Dios! ¿Mujer noble, y tan fácil?
Montoya	Suspiraba por lo ido, y lo venido

	la daba al momento en cara.
Armensinda	¿Y por qué vuestro señor se ausentó?
Montoya	Porque esta daifa dicen que escribió contra él a nuestro rey quejas falsas, y don Gabriel, por servirla, cuando vio que deseaba rempujarle, puso tierra en medio.
Armensinda	¡Fineza extraña!
Montoya	Dióle al partirse unas joyas, pesarosa de esto, ¡tanta es su variedad!
Armensinda	¿Por qué se partió, si le llamaba y a su amor se reducía?
Montoya	Por haber dado palabra de acompañar nuestro duque, y por ver si la mudanza hace en él de las que suele, que ésta es general triaca. Esto sospécholo yo; que, como a puerta cerrada pudre don Gabriel secretos y ninguno los alcanza, hablo a tiento en sus amores. Lo que me pesa, madama,

	es que volaron las joyas.
Armensinda	¿Cómo?
Montoya	En la maleta estaban que nos gazmió el bandolero.
Armensinda	¿Eran ricas?
Montoya	Empedradas de diamantes, más que un trillo.
Armensinda	¿Que, en efeto, nos os engaña lo de la prisión y el torno, confusiones y desgracias?
Montoya	Por Dios...
Armensinda	Ahora bien, yo quedo satisfecha y informada —aunque en confuso— de cosas que os han de ser de importancia, si sabéis guardar la lengua.
Montoya	¿A mí?
Armensinda	A vos. No digáis nada de lo que vos me habéis dicho a vuestro dueño.
Montoya	Me tapa los labios esta cadena. Vueselencia, pues es sabia, calle también y averigüe;

        porque si mi amo alcanza
        que me deslicé, no doy
        por mi vida una castaña.

(Vase.)

Armensinda   Amor, ¿qué es esto que oís?
        ¿Quién, decid, os dificulta?
        ¿Quién, competidora oculta,
        celos os da y los sufrís?
        Si con ellos presumís
        crecer, crecerá la pena
        que esperanzas enajena,
        pues temo —¡congoja extraña!—
        una enemiga en España,
        y otra invisible en Lorena.
          Aquélla ausente me abrasa,
        ésta presente me enciende;
        pero —¡ay Dios!— que más ofende
        el enemigo de casa.
        Con Carlos Beatriz se casa,
        porque en él logra su amor,
        aunque un rey competidor
        se le opone, que no estima;
        luego no es Beatriz mi prima
        quien motiva mi temor.
          Clemencia de esta quimera
        la autora ha venido a ser,
        porque con menos poder
        ¿quién a tanto se atreviera?
        Sospechas, echemos fuera
        temores, y averigüemos
        sutilezas que estorbemos
        con industrias que opongamos;

                        y, porque las consigamos,
                        las suyas desbaratemos.

(Salen Felipo, Carlos, Enrique, don Gabriel, Beatriz y Clemencia.)

Beatriz   Vuestra excelencia, señor,
                        no ha de usar hoy de la ley
                        de padre conmigo; el rey
                        logre en iguales su amor;
                           que esta vez yo he de lograr
                        las de mi libre albedrío.
                        No apetezco señorío
                        que, a título de reinar,
                           imperioso me lastime
                        y me ame con presunción;
                        hecha tengo la elección
                        de quien templado me estime,
                           y no ofenda mi respeto.
                        Amor busco, no poder;
                        esto, señor, ha de ser;
                        entiéndame el más discreto.

(Vase.)

Carlos (Aparte.)   (Por mí lo dijo. ¿Hay amor
                        semejante? Adoraréla;
                        por mi Sol respetaréla,
                        por la firmeza mayor
                           que jamás vio el interés.
                        Mi mudanza ha sido loca.
                        Voy a que estampe en mi boca
                        los vestigios de sus pies.)

(Vase.)

Enrique (Aparte.) (¿Mas si madama Beatriz,
 castigando la mudanza
 de Carlos, me da esperanza
 de ser mi dueño? ¡Feliz
   trueco, si en él me prometo
 tal dicha! Voy a saber
 si, llegándola a entender,
 vengo a ser el más discreto.)

(Vase.)

Felipo (Aparte.) (¡Que un rey desprecie por Carlos!
 Pero sí, que en sus empleos
 su amor empeñó deseos
 y siente en mí el malograrlos.
   El rey es prudente y justo;
 ni yo me atrevo a intentar
 que se case a su pesar,
 ni él querrá mujer sin gusto.)

(Vase.)

Gabriel (Aparte.) (Estas señas interpreto,
 aunque loco, en mi favor;
 permitidme agora, amor,
 presumirme el más discreto.
   ¿Risa ayer, cuando lloraba
 con Carlos, y enigmas hoy?
 Mas si de Clemencia soy,
 si no ha media hora que acaba
   de darme señas escritas,
 ¿qué intentas, soberbia vana?
 A Carlos quiere su hermana;

>   ¿para qué me precipitas?
>   ¿Cuándo, amor, me has de sacar
>   de tanto golfo cruel?)

(Clemencia pasa junto a él disimulada, y le habla aparte.)

Clemencia ¿Qué tal os va, don Gabriel,
de acertar y no acertar?

Gabriel Mal, pues cuando conjeturan
discursos que me atormentan,
hallo señas que desmientan
las señas que me aseguran.
   Ríense de un ignorante,
gran señora, como yo...

(Disimuladamente deja ella caer un guante en el suelo, y levántale él.)

   Mire que se le cayó
a vueselencia este guante.

(Clemencia lo toma desdeñosa.)

Clemencia ¿Qué decís?

Gabriel   Se le ha caído,
y, alzándole yo, pretendo
con él...

Clemencia   O yo no os entiendo,
o vos no sois entendido.

(Vase.)

Gabriel (Aparte.)   (¡Gracias a Dios, experiencia,
que de dudas me sacáis!
¿Para qué filosofáis,
temores, en la evidencia?
    Esto está ya averiguado.)

(Armensinda se dirige a don Gabriel, como que va a entrarse.)

Armensinda   La toledana es hermosa,
puesto que ni muy airosa,
ni muy firme; hanme agradado
  las joyas, pero no el brío
ni el alma de la Gerarda;
que, aunque en el alma gallarda,
hiela a España por lo frío.
  Tiene partes excelentes,
puesto que la gracia es poca,
que es gran defecto en la boca
tan mal avenidos dientes.
  Lo que yo afirmaros puedo,
que en el aliño y adorno
puede obligar la del torno
a olvidar la de Toledo.

(Vase.)

Gabriel   ¿Señas nuevas? ¡Vive Dios,
que se han las tres concertado
a enloquecerme! Cuidado,
si, confuso entre las dos,
  quieres que el seso las rinda,
con tres ¿qué hará mi paciencia?
¿Señas Beatriz y Clemencia?
¿Señas también Armesinda?

Burlarme intenta cada una;
solución del enigma es,
pues son mis damas las tres,
y de las tres no es ninguna.

Fin de la segunda jornada

Jornada tercera

(Salen Clemencia y Enrique.)

Clemencia   Mi hermana me dijo a mí
                  que, interpretando razones
                  de contrarias intenciones,
                  la amáis.

Enrique   Es, señora, así;
                     que, como Carlos procura
                  con cartas, más negociadas
                  que por el rey deseadas,
                  desbaratar mi ventura
                     y no lo repugnáis vos,
                  hallo en vuestro desengaño
                  el remedio de mi daño;
                  y, compitiendo los dos,
                     me parece que es prudencia
                  —antes que en celos me ofusque—
                  que en madama Beatriz busque
                  lo que peligra en Clemencia.

Clemencia   Cuando él, duque, os compitiera
                  y entrada en mi pecho hallara
                  que el paso os dificultara,
                  ¿mejor salida no fuera
                     —a ser amante de ley—
                  sus ardides desmentir
                  que por Beatriz competir
                  con un infante y un rey?
                     Confesarlo así es forzoso.
                  En efeto, hacéis alarde
                  de ser el primer cobarde

         que se retira celoso;
      aunque os tendréis por feliz
   si en tan loca competencia
   sois tímido por Clemencia
   y animoso por Beatriz.

Enrique   Cuando yo no interesara
   más medras de mis intentos
   que el causaros sentimientos
   con que mi amor se repara,
      fue ardid, señora, discreto
   fingir haceros agravios;
   que tal vez suelen ser sabios
   los celos. Mostré, en efeto,
      que a vuestra hermana servía,
   y fue admirable mi aviso,
   pues mi amor por su orden quiso
   probar lo que en vos tenía.
      Ya que lo sé, a vuestros pies,
   dándoos gracias, perdón pido;
   sosegad vos mi sentido,
   porque os ame más después.
      ¿De veras que no estimáis
   a Carlos? ¿Que os resistís?
   ¿Que en fin, cuando me admitís,
   sois mujer y no os mudáis?

Clemencia   Mi inclinación no consiente
   mudanzas; que la firmeza
   es en mí naturaleza,
   si en las otras accidente.
      Yo quise desde el instante
   que di principio al querer
   a quien mi esposo he de ser,

	y nunca mudé de amante.
	Carlos —desvanezca o no promesas a su cuidado— persona trae a su lado que en mi pecho despertó desvelos de más momento.
Enrique	¿Cómo es eso?
Clemencia	¿Qué teméis? A don Gabriel le debéis amistades, que si os cuento, dudaréis satisfacerlas en llegando a ponderarlas; el principio de pagarlas es, duque, el agradecerlas. Haceldo así; que él ha sido a quien fe mi pecho da.
Enrique	¿A don Gabriel?
Clemencia	El será, si me entiende, preferido a muchos... Quiero decir, en materia de consejos.
Enrique	Estaba de eso tan lejos, viéndole a Carlos servir, que, aunque me lo certifique vuestro crédito, y sea así...
Clemencia	Cada cual hace por sí antes que por otro, Enrique.

Enrique	Pues él en eso ¿qué hace por sí? ¿Qué es lo que medró?
Clemencia	¿No es el amigo otro yo que a dos almas satisface con sola una voluntad, si a un mismo fin se encamina?
Enrique	Así es bien que se difina el amigo.
Clemencia	Y su amistad ¿no puede ser tal con vos que se verifique en él tal fineza?
Enrique	¿Don Gabriel contra su dueño? Por Dios, que ha de quedar asombrado quien tal imposible oyere.
Clemencia	Cuanto más por vos hiciere, os tendrá más obligado.
Enrique	Poco abona su opinión quien esa cuenta da de ella.
Clemencia	Como por eso atropella, si es viva, una inclinación. Experimentad la mía, disculpando a don Gabriel, que yo os juro que por él dejara una monarquía.

Enrique	¿Cómo por él?
Clemencia	Pues ¿no dejo
la herencia casi de Francia
con el de Orleans, a su instancia?
Inclínome a su consejo,
de suerte, duque, os prometo,
que toda mi libertad
pende de su voluntad.
Enrique	El español es discreto,
y si yo alcanzo por él
que os inclinéis a mi amor,
le seré eterno deudor.
Clemencia	Id, Enrique, hablad con él;
experimentad verdades
que antes de mucho admiréis;
solicitadle, y veréis
prodigios entre amistades,
que no poco han de importaros.
Decid que siga la traza
que amor y su ingenio enlaza;
que alguna vez saldrán claros
los cielos, hasta aquí oscuros,
pues para los animosos
principios dificultosos
prometen fines seguros;
y que esto le aviso yo
para vuestro buen suceso.
Enrique	Pues ¿no sabré yo algo de eso?
Clemencia	Por agora, Enrique, no.

Enrique	Pues ¿es razón que el tercero alcance más que el amante?

Clemencia	El medio que es importante
	para los fines que espero,
	   con vos me requiere muda,
	y toda lenguas con él.
	Si os regís por don Gabriel,
	presto saldréis de esa duda;
	   que hemos dispuesto los dos
	cierta traza sin testigos,
	con que quedéis muy amigos
	mi padre, Carlos y vos.
	   Solo este fin me reporta
	en los labios el secreto;
	vos veréis, duque, en efeto,
	lo que a los dos nos importa.

Enrique	Alto; si por don Gabriel se han de allanar competencias, voy a alentar sus agencias.
Clemencia	Nuestro amor estriba en él. Diréisle, pues le confío que os industrie y aconseje, que por señas no lo deje, pues hartas con vos le envío.
Enrique	Obedecer y callar. Voy.
Clemencia	¿Oís? y que en los dos sabrá aquello, yendo vos,

                    de acertar y no acertar.

(Vase Enrique.)

Clemencia   Confuso parte, No es mucho
                 que, si imita mis acciones,
                 participe confusiones,
                 cuando yo con tantas lucho.
                    Si señas tienen de ser
                 del gallardo español prueba,
                 señas Enrique le lleva
                 con que me pueda entender.
                    ¿Qué modo hallara yo agora
                 para sosegar desvelos
                 y conocer de mis celos
                 la oculta competidora?
                    Si yo conociese el dueño
                 que inadvertida perdió
                 el papel que ocasionó
                 los riesgos en que me empeño,
                    facilitara el cuidado
                 que confusa dificulto;
                 porque el enemigo oculto
                 más daña que el declarado.
                    Ahora bien, aquí le hallé;
                 vuélvole al mismo lugar;
                 que escondida he de sacar
                 quién la perdidosa fue.

(Echa el papel en el suelo.)

                    Dudo en mi hermana y mi prima,
                 si bien con más fundamento
                 en la segunda; mi intento

a nuevas cosas me anima.
　Cualquiera que pase de ellas,
en viéndole le ha de alzar;
y, si le perdió, ha de dar
muestras de gusto, y por ellas
　quedaré informada yo.
Las dos estaban agora
en esa cuadra; no ignora
trazas quien celosa amó.

(Sale Felipo.)

Felipo　　　　　Clemencia, de tu elección
pende la paz de mi estado;
palabra a Enrique le he dado;
Carlos te tiene afición;
　ama a Beatriz el de Francia;
ya tú sabes su poder;
consultar es menester
cosas de tanta importancia.
　De tu entendimiento fío
riesgos que a tu arbitrio dejo.

Clemencia　　　En el tuyo mi consejo,
siendo tuyo, será mío.

Felipo　　　　　Ven, y estudiemos los dos
lo que se ha de hacer en esto.

Clemencia (Aparte.)　(¿Hay estorbo más molesto
que el presente? Ciego dios,
　mal podréis averiguar
quién es mi competidora,
si dejo el papel agora

	y me obligan a ausentar.
	¿Alzaréle? Pero no;
	que si mi padre lo ve,
	el crédito arriesgaré
	que mi recato ganó.
	¿Qué he de hacer? Poco dichosa
	soy en amores.)
Felipo	¿No vienes?
Clemencia	Sí, señor.
Felipo	Discreción tienes,
	que es milagro, siendo hermosa;
	busquemos los dos salida
	a confusión tan cruel.
Clemencia (Aparte.)	(Volveos a perder, papel;
	que más que vos voy perdida.)

(Vanse. Sale Beatriz.)

Beatriz	Perdíle y, sin él confusa,
	desvanezco mi sentido.
	¿Si acaso se me ha caído
	por aquí? No tiene excusa
	mi descuido. Echéle menos
	agora; guardéle aquí.

(Señalando la manga.)

No sé cuándo le perdí;
sé mi desgracia a lo menos.
¿Si le halló mi padre? ¡Cielos!

	¿Si alcanzó a saber por él,
	con riesgo de don Gabriel,
	mi osadía y sus desvelos?
	Negaré disimulada,
	aunque la vida me cueste.
	Mas ¡válgame Dios! ¿No es éste?
(Álzale.)	¡Ay prenda tan mal guardada
	cuanto con gusto adquirida!
	No saldréis más de mi pecho.
	¡Qué de agravios que os he hecho!
	Vos seáis bien parecida.
	Cuando agora por aquí
	con Armesinda pasé,
	se me cayó; ya podré,
	temores, volver en mí.

(Salen Carlos y don Gabriel. Hablan aparte a la puerta.)

Carlos   Yo sé que, dándome celos,
                    la he de volver a adorar.

Gabriel   Tu extraño modo de amar
                    tendrá pocos paralelos.

Carlos   Gabriel, madama está aquí.

Gabriel   Comencemos tu quimera;
                    yo la llego a hablar.

Carlos   Espera;
                    déjame primero a mí
                       que con ella te introduzga
                    en España poderoso,
                    y que me muestre celoso

	porque a tu amor se reduzga,
	y tú después llegarás.
Gabriel	Voyme, pues.
Carlos	Ve y vuelve luego.
Gabriel	Más que el amor eres ciego.
Carlos	¿Qué quieres? No puedo más.

(Vase don Gabriel.)

Carlos	Madama, si os desobligo
	y a vuestra hermana pretendo,
	es porque ofendido entiendo
	que truje mi mal conmigo.
	Quiero de suerte a un amigo,
	y queréisle tanto vos,
	que, puesto que sabe Dios
	lo que me cuesta olvidaros,
	no os he he amar, por amaros
	y daros gusto a los dos.
Beatriz	Duque, ¿qué decís? Volved
	por vuestro seso y por mí;
	no os precipitéis así,
	y en más mi opinión tened.
	Vuestra mudanza ofended,
	pero no, Carlos, mi fama.
	¿Qué amigo es ése?
Carlos	Madama,
	no disimuléis conmigo;

	[..........-igo]
	y él correspondiente os ama.
	Pródigo intento y cortés
	lograr con él una hazaña;
	tendrá que envidiar España
	desde hoy el valor francés.
Beatriz	Acabemos ya; ¿quién es
	sujeto tan ponderado?
Carlos	Duque que a Castilla ha dado
	sangre real; duque, en efeto,
	de Nájara, que en secreto
	es mi igual y es mi criado.
Beatriz	¡Válgame Dios! ¿Don Gabriel
	es duque? ¿Es tan gran señor?
Carlos	En los ojos vuestro amor
	os lleva el alma tras él.
Beatriz	A lo menos, si es más fiel
	que vos y menos mudable,
	fuera ingratitud culpable
	no amarle, cual presumís;
	mas vos ¿de qué colegís
	defecto en mí tan notable?
Carlos (Aparte.)	(Mintamos un poco, amor;
	que va hallando esta quimera
	más celos que yo quisiera.)
	Fiado de mi valor,
	hasta el mínimo favor
	me comunica.

Beatriz	En efeto, ¿no hay entre los dos secreto?
Carlos	A persuadirme se anima que fue por él el enigma de «entiéndame el más discreto». Presentóme por testigo del amor que le mostráis señas que disimuláis, y él conjetura conmigo. Si algunas de éstas os digo, ya graves y ya risueñas...
Beatriz	Duque, ¿qué decís de señas?
Carlos	Señas le apuran el seso.
Beatriz	Pues él ¿alábase de eso?
Carlos (Aparte.)	(Mentira, en mucho me empeñas.)
Beatriz	¿Señas os ha dicho a vos que en mí alientan su esperanza?
Carlos	La amistad todo lo alcanza, y es mucha la de los dos.
Beatriz (Aparte.)	¿Yo señas? (¡Válgame Dios! En hombre que es tan perfeto ¿puede caber tal defeto?)
Carlos	Por él, en fin, determino que mude mi amor camino;

	tanto su amistad respeto.
Beatriz	Sois vos todo gentilezas que él os podrá agradecer, mas no yo, pues llego a ver mi agravio en vuestras finezas. ¡Ay cielos! Si da en flaquezas como ésas, presumirá señas que dicho os habrá.
Carlos	Muchas me contó, aunque oscuras, y por esto no seguras, que averiguando en vos va.
Beatriz	¿Muchas y oscuras decís?
Carlos	Todo su pecho me fía.
Beatriz (Aparte.)	(¿Qué escucháis, desdicha mía? Necias industrias, ¿qué oís?)
Carlos	Parece que lo sentís como ofendida.
Beatriz	¿Qué mucho, si mis desdoros escucho en quien así os engañó?
Carlos	O le amáis, madama, o no.
Beatriz (Aparte.)	(¡Con qué de congojas lucho!) En fin, ¿es duque?
Carlos	Y marqués

              de Aguilar.

Beatriz   No sé qué hiciera
            de mi libertad, si fuera,
            en vez de español, francés.

Carlos (Aparte.)   (Alto, celoso interés,
            ya os hizo mi amor lugar.)

Beatriz   Pero podréisle afirmar
            que alcanzara ventajoso
            suertes que merece airoso,
            y pierde por no callar.

(Vase.)

Carlos   Buscaban celos mis daños
            que a mi amor diesen desvelos
            y, andando a caza de celos,
            encontré con desengaños.
            El que por medios extraños
            en nuevos riesgos se arroja,
            cuando coja
            el fruto que yo cogí,
            échese la culpa a sí;
            porque siempre el que se ofusca
            en peligros que aborrece,
            si desdichas apetece,
            halla más de las que busca.

(Vase. Salen Felipo y Armensinda.)

Felipo   Esto es lo consultado
            por Clemencia, y de ti tiene cuidado

| | de suerte que te estima
con afectos de hermana más que prima.
Condesa de Bles eres;
si al duque Enrique por esposa adquieres,
y yo le persuado
que, olvidando a Clemencia, trueque estado
y amor en ti, podemos
mudar en paces guerras que tememos. |
|---|---|
| Armensinda | Señor, en vueselencia
libré, muertos mis padres, la obediencia
que a ellos les debía;
mi voluntad es tuya más que mía;
mas cosas de ese porte,
no es justo que la prisa las acorte.
Consúltelas despacio,
pues sobran consejeros en palacio,
que mirarán prudentes
si se atajan con eso inconvenientes;
y yo del mismo modo
entretanto veré si me acomodo
a disponer deseos
tan libres en mi edad de esos empleos. |
| Felipo | Tu discreción, sobrina,
merece admiración por peregrina.
Yo voy a consultarlos;
tú eres la paz del rey, de Enrique y Carlos. |

(Vase.)

| Armensinda | Examine voluntades
y haga Felipo experiencia,
entretanto que en Clemencia |

                    mis celos sacan verdades
                       si quiere al español más
                    que obedecer a mi tío;
                    que después, pues no soy río,
                    bien puedo volverme atrás.

(Sale Beatriz sin ver a Armensinda.)

Beatriz   ¿Es posible que tan grave,
                     tan cuerdo, tan ententido,
                     tan discreto y bien nacido
                     —cuando lo que importa sabe—
                        duque don Gabriel Manrique
                     el secreto encomendado
                     y en fe de noble jurado
                     con Carlos le comunique?
                      No, sospechas, no lo creo;
                     miente Carlos; conjeturas
                     serán las que, mal seguras,
                     —porque mude de deseo—
                        le inquietan la voluntad.
                     Como en mis ojos ha visto
                     lo que en la lengua resisto,
                     querrá sacar la verdad
                        con mentiras que le impone.
                     Anda el español buscando
                     las señas con que le mando
                     que sus dichas ocasione;
                        ocupa, cuando le asisto,
                     los ojos y el alma en mí;
                     y saca Carlos de aquí,
                     porque a los dos nos ha visto
                        con descuido cuidadoso,
                     celos de causas pequeñas.

111

                    Mas ¡decir lo de las señas!
                    Aquí el culparle es forzoso.
                       Lo mismo que acuso abono;
                    y, entre el sí y el no confusa,
                    hallo el agravio en la excusa
                    y, condenando, perdono.

(Sale Clemencia sin ver ni a Beatriz ni a Armensinda.)

Clemencia   Si Armesinda lleva bien
                    el dar a Enrique la mano,
                    salió mi recelo vano;
                    poco mis sospechas ven.
                       Si rehusa este concierto,
                    dándose por ofendida,
                    don Gabriel la trae perdida
                    y mi temor salió cierto.

Armensinda   Prima, en notable cuidado
                    hoy mis aumentos te ven;
                    darte puedo el parabién
                    de consejera de estado.
                       Tu padre, que dificulta
                    riesgos que nacen de nuevo,
                    me afirma lo que te debo;
                    quedaréle a tu consulta
                       deudora, que es circunstancia
                    mucha que a Enrique se rinda
                    la libertad de Armesinda
                    porque Beatriz reine en Francia.

Beatriz (Aparte.) (¿Cómo es esto de reinar?
                    ¿Otra vez vuelve este miedo?
                    Desde aquí escucharlas puedo.)

Clemencia	¿Qué quieres? Séte afirmar que te estimo de manera que por ti me desposeo del duque.
Armensinda	¿Ya yo no veo que eres mi casamentera? Débote voluntad tanta que no admites y te pesa ser con Enrique duquesa, por ser con Carlos infanta.
Clemencia	Prima, reales intereses efectuólos la ambición; prométote que no son mis pensamientos franceses.
Armensinda	Serán españoles, prima.
Clemencia	¿Cómo?
Armensinda	Pues ¿no han de tener alguna patria?
Clemencia	¿Es querer pedirme celos?
Armensinda	Enigma es ésta que tu amor traza, y cuando piensas que está secretísima, anda ya a pregones por la plaza.

Clemencia	¿Estás en ti?
Armensinda	No te asombres; que debe ser tu beldad alcalde de la hermandad que prende en los campos hombres.
Beatriz (Aparte.)	(¡Ay cielos! Todo se sabe. El español fementido pródigo indiscreto ha sido; perjuro dejó sin llave 　secretos y confianzas.)
Armensinda	Alcaide fue tu cuidado del cuarto en que, retirado, diste a riesgos confianzas. 　¡Qué ingeniosa te apercibes de torno, tiniebla y salas! ¡Qué sazonada regalas, qué misteriosa que escribes! 　Ya yo he visto los papeles, cifras de tu extraño amor.
Beatriz (Aparte.)	(Todo lo ha dicho el traidor.)
Armensinda	No hay para que te receles; 　que ya el español me fía secretos encomendados, porque tercie en sus cuidados. Luego ¿piensas, prima mía, 　que no me reveló señas, ya en acciones y ya escritas, en que dudas facilitas y animas cuando despeñas?

	Pues advierte que me hace
	agente de tus amores,
	y sé todos los favores
	con que intentas que se enlace
	  en laberintos dudosos,
	no sé a qué fin prevenidos,
	conceptos con dos sentidos,
	oscuros por misteriosos.
	  El papel que te escribió,
	el crédito que con él
	te acredita...

Clemencia	¿Don Gabriel eso de mí te mintió?
Armensinda (Aparte.)	Eso y otras liviandades que callo. ¿De qué te admiras? (Amor, digamos mentiras para averiguar verdades.)
Clemencia (Aparte.)	(¿Mas si, celosa de mí mi prima, se ha declarado con el, y cuenta la ha dado de cosas que presumí guardar seguras en él? No hay hombre que no se alabe de favores que aun no sabe; imitólos don Gabriel.)
Armensinda	No hay para qué recelarte ya de mí; declaraté con los dos. ¿Qué le diré, prima mía, de tu parte?

Clemencia	Dile, prima, que por ti
facilitarle deseo
estorbos, y que en tu empleo
me tiene obligada a mí;
que no malogre invenciones
que tanto estudio te cuestan,
pues ellas le manifiestan,
aunque en sombra, tus pasiones;
que las joyas usurpadas
por tu industria, repartidas
también por ti, aunque escondidas,
no engañan disimuladas;
que fácil se manifiesta
cualquiera ardid estudiado,
si se afecta demasiado;
y en fin...
Armensinda	¿Qué locura es ésta,
prima engañosa? ¿A qué efeto
es tanto disimular?
Hácesle desatinar,
sábese ya tu secreto,
¡y atribúyesme quimeras
que ni por el pensamiento
me pasan!
Clemencia	¡Donoso cuento!
Mira, prima, cuando quieras
que por señas un amante
sus discursos encamine,
no le hagas que desatine;
procura de aquí adelante
probar su ingenio de modo
que señas y conjeturas

             ni del todo sean oscuras,
             ni tan patentes del todo
                que los demás las entiendan;
             porque es fuerza que el cuidado
             ame siempre desvelado,
             y que sus ojos pretendan
                registrar en cualquier dama
             acciones que acaso hechas
             den motivo a sus sospechas,
             y luego piense que le ama.

Armensinda ¿Para qué gastas doctrina
             que tú sola has menester?

Clemencia   ¿Yo? Pues mira; has de saber
             que tu español imagina
                que yo soy la arquitectora
             de la máquina que hiciste;
             que como le persuadiste
             a amar por señas, y ignora
                cuál de las tres de esta casa
             es la que ha de obedecer,
             apenas nos llega a ver
             cuando estudiosos nos tasa
                las acciones más pequeñas,
             una risa, un volver de ojos,
             con que al punto sus antojos
             juzgan que le hacemos señas.
                Cayóseme un guante ayer
             y, creyéndole favor,
             ya me imagina en su amor
             perdida; quise volver
                por mí y atajar locuras;
             mas poco me ha aprovechado,

pues, necio y desbaratado,
no sé qué salas a oscuras,
    tornos y prendas robadas
alega, con presunción
de que yo fui la ocasión.
Como no le persuadas
    a que eres tú su desvelo,
contemporizar con él
es fuerza; que el don Gabriel
es un español del cielo,
    y no es bien que, ya apurado
el seso, siendo yo cuerda,
permita que por ti pierda
el poco que le has dejado.

(Vase. Sale Beatriz retirada, sin que Armensinda la vea.)

Armensinda   Esto es burlarse de mí,
esto es haber ya sabido
del criado fementido
cuanto en este caso oí.
    A no ser ella la autora
de esta confusa quimera,
claro está que no supiera
lo que me refirió agora.
    De celos estoy perdida;
mas no logrará, si puedo,
los lances de tanto enredo.
¿Yo burlada? ¿Ella querida?
    Haré que el duque castigue
arrojos de amor tan loco;
que en competencias, no es poco
estorbar quien no consigue.

(Vase.)

Beatriz   No hay en casa quien no sepa
                    cuanto al silencio fié.
                    ¡Ay cielos! ¿Cómo creeré
                    que en semejante hombre quepa
                      tal falta, tan vil defecto?
                    Pero culparle es en vano;
                    que ya excediera de humano,
                    si en todo fuera perfecto.

(Sale don Gabriel.)

Gabriel   Harásele, gran señora,
                    a vueselencia de nuevo
                    el ver que a hablarla me atrevo,
                    cosa rara en mí hasta agora;
                      pero alienta mi temor
                    quien puede, y por vos se abrasa.

Beatriz   Decid; que no es nuevo en casa
                    teneros por hablador.

Gabriel   ¿Hablador yo?

Beatriz   Proseguid.

Gabriel   Mal su opinión acredita
                    quien la que tengo me quita,
                    mintiendo...

Beatriz   Decid, decid.

Gabriel   ...porque es la más civil mengua

	para mí...
Beatriz	Serán antojos de quien os buscó todo ojos y os ha hallado todo lengua. Decid.
Gabriel	Envidia será de quien con vuestra excelencia lo que no osa en mi presencia...
Beatriz	Decid, acabemos ya.
Gabriel	...afirma, contra el valor que en mí esos desdoros teme.
Beatriz	Don Gabriel, decid o iréme, que sois terrible hablador.
Gabriel	Si en tal opinión me veo...
Beatriz	Dejad eso, y proseguid.
Gabriel	Pues vos lo mandáis, oíd. Yo deseo y no deseo cumplir leyes y precetos de quien a hablaros me envía y sus secretos me fía.
Beatriz	¡Guardáis vos muy bien secretos!

(Saca y hace que lee un papel.)

| Gabriel | Pues ¿podéis vos ofenderos |

	de haberlos quebrado yo?
Beatriz	¡Jesús! ¿Vos quebrado? No;
	antes los decís enteros.
Gabriel	El envidioso ignorante
	que me juzga poco fiel...
Beatriz	Levantad ese papel,
	y proseguid adelante.

(Déjale caer de industria ella, y levántale él mirándole.)

Gabriel (Aparte.)	(¡Ay cielos! Mi letra es ésta.)
Beatriz	Dadle acá.

(Tómasele desdeñosa.)

Gabriel	Señora mía...
Beatriz	Al que secretos os fía
	podéis darle por respuesta
	que estudie en mis escarmientos
	si el fiarse es cosa baja
	de habladores de ventaja
	que infaman sus juramentos.

(Vase.)

Gabriel	¡Madama! ¡Señora mía!
	Rayos mortales arroja.
	Agora, cielos, se enoja,
	que manifestar quería

  oscuridades de amor,
agora que comenzaba
mi dicha, y se declaraba,
¿tal desdén en tal favor?
  ¡Gentil premio de desvelos!
¡Bien satisfechos cuidados,
de habladores infamados!
¿Qué es esto, inclementes cielos?
  ¿No vi en manos de Clemencia
hoy mi papel? ¿No es el mismo
que hallé agora? En tal abismo,
¿quién ha de tener paciencia?
  ¿Con quién comunico yo
secretos tan castigados,
de injurias galardonados,
sino con quien me mostró
  como carta de creencia
el billete que firmé?
Si amor por señas juré,
y hallo señas en Clemencia,
  ¿es mucho que desatine
creyendo que es su inventora?
Pues ¿cómo lo sabe agora
su hermana? ¿Cómo a hallar vine
  en sus manos mi papel?
¿Cómo Armesinda me aguarda,
con las señas de Gerarda?
¿Fue el intrincado vergel
  más confuso de Teseo?
No, cielos, no hay más salida
para no apurar la vida
—que pienso que lo deseo—
  sino creer que las tres,
conjuradas contra mí,

                    comunican entre sí
                    secretos, porque después,
                        como cada cuál me engaña,
                    entre tanta confusión,
                    castiguen la presunción
                    que Francia culpa en España.

(Sale Clemencia.)

Clemencia (Aparte.)   (Mi padre, pues yo no puedo,
                    tanta máquina averigüe,
                    y mis celos apacigüe;
                    desharemos este enredo,
                        y saldré yo de cuidado,
                    aunque me llamen cruel.)
                    ¿Aquí estáis vos, don Gabriel?
                    Nunca os veo acompañado;
                        mas tampoco lo está Apolo.

Gabriel   Es ésta condición mía.

Clemencia   Sí, pero, sin compañía,
                    mucho habláis para estar solo.

Gabriel   ¿También vos formáis agravios?

Clemencia   Amante he yo conocido
                    que hubiera dichoso sido
                    a saber cerrar los labios;
                        y alguna en casa ofendida...

Gabriel   Diréos, si me dais lugar...

Clemencia   ¿Hablarme vos? No hay que hablar.

123

                    Guardaos, no os cueste la vida.

(Vase.)

Gabriel   ¡Alto! Otra vez se eclipsó
                     la certidumbre infeliz
                     de que madama Beatriz
                     conmigo se declaró,
                        pues su hermana hizo lo mismo.
                     ¿Cuál de ellas, amor, creeré
                     que de esta máquina fue
                     la artífice? En un abismo,
                        con dos vientos encontrados,
                     navego sin experiencia;
                     ya Beatriz, y ya Clemencia
                     la nave de mis cuidados
                        combaten; y en tanta mengua
                     las dos, intimando agravios,
                     una castiga mis labios,
                     y otra aborrece mi lengua.

(Sale Carlos.)

Carlos   De la confianza necia
                     que en vos mi amistad creyó
                     sé que a España se pasó
                     la fe fallida de Grecia.
                        Basta que a Beatriz amáis
                     y, dueño de sus desvelos,
                     por darme de veras celos,
                     los de burlas excusáis.
                        Cuando yo puse los ojos
                     en Clemencia, si a su hermana
                     amó vuestra fe liviana,

	excusáredes enojos
	diciéndome la verdad,
	que ya en vuestra lengua dudo;
	pero amigo que es tan mudo
	guárdese de mi amistad.
(Vase.)	
Gabriel	¡Señor, gran señor! ¿Qué es esto?
	¿Qué concurrencia de males,
	qué espíritus infernales
	tanta maraña han compuesto?
	A todos los he agraviado;
	todos acusan mi amor;
	con las damas, hablador,
	y con el duque, callado.
	La fortuna intenta verme,
	gustosa en desbaratarme,
	con lengua para culparme.
	sin ella para perderme.
(Sale Enrique.)	
Enrique	Gabriel, Clemencia me envía,
	puesto que entre oscuridades,
	a que agradezca amistades
	que no supe que os debía.
	Afirma que en mi favor
	le habéis propuesto razones
	opuestas a prestensiones
	de Carlos, vuestro señor;
	y como sé la lealtad
	que le guardáis y debéis,
	aunque de mi parte estéis,

no es tanta nuestra amistad
   que presumiera tal cosa,
a no tener fundamento
en que lo hacéis con intento
de que Beatriz sea su esposa.
   ¡Digna acción de la cordura
que en vuestro valor se encierra,
pues se ataja así la guerra
que de otra suerte aventura!
   Porque, aunque arriesgue el perderme,
su palabra ha de cumplirme
Felipo, o yo prevenirme
contra quien guste ofenderme.
   En efecto, sea por esto
o por lo que vos sabréis,
tan persuadida tenéis
a mi dama que ha propuesto
   no hacer más de lo que vos
dispusiéredes.

Gabriel
                    ¿Clemencia
dice que estriba en mi agencia
el desposaros los dos?

Enrique
   Y que estos inconvenientes
bastáis vos solo a atajarlos.

Gabriel
¿Yo, en deservicio de Carlos?

Enrique
Señas me dio suficientes,
   aunque oscuras para mí,
que sin quererse explicar,
dice, no podéis negar.

Gabriel (Aparte.) (¡Cielos! ¿En qué os ofendí?
 ¿Amante y casamentero?
 ¿Desleal a mi señor?
 ¿Ya infamado de hablador,
 ya su esposo, y ya tercero?)

Enrique   Que experimente verdades,
 que en vos admire, desea;
 y que obligaciones crea
 de finezas y amistades.
    No sé yo con qué pagaros
 tanto. Dice que sigáis
 la traza que en esto dais;
 que alguna vez saldrán claros
    los cielos, hasta aquí oscuros;
 pues para los animosos
 principios dificultosos
 prometen fines seguros.
    Don Gabriel, ¿qué traza es ésta?
 Que es rigor demasiado,
 siendo yo el interesado,
 ignorarla.

Gabriel (Aparte.)   (¿Qué respuesta
 la daré, confusión mía?)

Enrique   Y que, si no me creéis,
 por señas no lo dejéis;
 que hartas conmigo os envía.

Gabriel (Aparte.) (¿Pudo declararse más?
 Luego ¿no fue Beatriz —¡cielos!—
 la autora de mis desvelos?
 Volved, esperanza, atrás.

                Pero ¿cómo me condena,
            si no es Beatriz, su rigor
            a delitos de hablador?
            ¡Nunca yo entrara en Lorena!)

Enrique   Acabadme de sacar
            del golfo en que me habéis puesto.
            Decid, don Gabriel, ¿qué es esto
            de acertar y no acertar?

Gabriel   Pues ¿eso también os dijo?

Enrique   Esto al partirse la oí;
            y que entenderéis por mí
            este misterio prolijo
              sin declarárosle a vos,
            afirma; y que es de importancia,
            en tal caso, mi ignorancia.

Gabriel (Aparte.)   (¡Extraña mujer, por Dios!)

Enrique   ¿Queréisme ya despenar?
            Sacadme de este cuidado.

Gabriel   Duque Enrique, hanme obligado
            a ver, oír y callar.
              Si ella afirma que os importa
            que este secreto ignoréis
            y os ama, ¿qué más queréis?

Enrique   ¿Clemencia conmigo corta,
              y con vos tan liberal?
            Don Gabriel, ¡aquí de Dios!
            ¿Por qué habéis de saber vos

	lo que a mí no me esté mal y ha de negárseme a mí?
Gabriel	Eso dígalo Clemencia; que yo no tengo licencia.
Enrique	Mirad que saco de aquí conjeturas no pequeñas que os desdoran de algún modo.
Gabriel	Eso sí, sed vos y todo astrólogo de mis señas; pero no ingrato a lo mucho que afirma que me debéis Clemencia.
Enrique	En fin, vos queréis que en los misterios que escucho, y no acabo de alcanzar, pierda el seso.

Gabriel	¿El seso? No;
	mas quiero que, como yo,
	tengáis que filosofar.
	   Que os prometo que es mi amor
	tan mudo que vive preso
	en el alma, y con todo eso
	me le culpan de hablador.
	   No alcanza quien no obedece,
	ni sin peligro hay batalla,
	ni merece quien no calla,
	ni quien malicia merece.
	   Esto la dad por respuesta;
	y decid que, pues dispuso

       que os tuviésemos confuso
y os importa, aunque os molesta,
    la traza entre los dos dada
se ponga en ejecución,
porque perderá sazón
si hoy no queda desposada;
    que os disfrazó pensamientos
para acendrar vuestra fe,
porque yo jamás quebré
palabras ni juramentos.

Enrique   Amor es loco, sus temas
imposibles de vencer;
yo no acabo de entender
el blanco de estas problemas;
    pero si, cual conjeturo,
hoy ha de llamarme esposo
Clemencia, tan venturoso
seré como el medio oscuro.
    Voy, porque no me hagáis cargo
de que a malicias me atrevo,
si bien sabré lo que os debo,
pues no es el término largo.
    Pero vivid advertido
en lo que habéis maquinado,
que, si agradezco obligado,
me satisfago ofendido.

(Vase.)

Gabriel   Todos forman de mí queja;
a tragos la muerte bebo.

(Echan por una ventana un billete.)

                    ¿Qué es esto? ¿Hay peligro nuevo?
                    Arrojaron de la reja
                        un papel. Si es semejante
                    a sus dos antecesores,
                    no más ambiguos amores;
                    mude su dueño de amante.

(Alzale y léele.)   «Ya por experiencia sé
                    cuán obediente y discreto
                    vive por vos el secreto
                    que oculta os encomendé;
                    no es bien que el premio lo esté,
                    que os ofrece la fortuna;
                    ocasión hay oportuna;
                    id como la vez primera
                    al torno; que allí os espera
                    de las tres la una y ninguna.»

                        Como cumpla lo que dice,
                    demos por bien empleado
                    todo el desvelo pasado;
                    si es que a dudas satisface,
                        fortuna, acábese ya
                    el tema de estos engaños.

(Sale Montoya.)

Montoya   Dos horas, si no dos años,
                    anda de acá para allá
                        en busca tuya, y no te halla...

Gabriel   ¡Montoya!

Montoya	...cierta señora [tapada]...
Gabriel	Calla, Montoya.
Montoya	...que embauca.
Gabriel	Sígueme y calla.
Montoya	Doy a la lengua cien nudos; que pues por ti se me estanca, aquí pasa Salamanca el colegio de los mudos.

(Vanse. Salen Felipo y Clemencia.)

Clemencia	Esto es, señor, lo cierto; Armesinda este ardid ha descubierto. Lo que de mí has oído del modo que te afirmo ha sucedido; a Enrique menosprecia, no estima a Carlos porque, loca o necia, al español adora.
Felipo	¡De tantos embelecos inventora! Clemencia, considera que parece imposible tal quimera. En tan pequeños años ¿puede Armesinda hacer tantos engaños?
Clemencia	Para ellos la habilita ese cuarto, después que no se habita desde el año pasado por las muertes que en él hemos llorado

	de mi madre y señora,
	y del duque mi hermano; allí inventora
	de peregrinas trazas,
	con tornos, con papeles y amenazas
	que ingeniosa dispuso,
	del español el seso trae confuso.
Felipo	Júzgote con tu prima
	apasionada, viendo que no estima
	a Enrique, cuando quieres
	a Carlos; sois extrañas las mujeres.
Clemencia	Espera, haz una cosa;
	darásme, si nos sale provechosa,
	el crédito debido.
	Llama aquí al español favorecido,
	como otras veces sueles;
	que entre otros, trae consigo dos papeles
	que le escribió esa dama
	a quien su confusión por señas ama;
	conocerás sin duda
	por la letra la autora amante y muda
	que el estilo profana
	con que amor hasta aquí su imperio allana.
Felipo	Bien dices; de ese modo
	sabré quién es y se averigua todo.
	Mandaré que le llamen,
	y en él de estos misterios haré examen.

(Sale Armensinda.)

Armensinda (Aparte.) (¿Qué puede buscar, ¡cielos!,
don Gabriel en tal parte sino celos

                    que apuren mi cuidado?
                    ¿En el cuarto tanto ha deshabitado,
                    y cerrarle la puerta
                    luego que entró? Sospecha, saldréis cierta,
                    si a confirmaros torno;
                    allí el teatro oculto, allí está el torno,
                    amor, de mi tragedia.
                    Si el duque tanto insulto no remedia,
                    quedará mi esperanza
                    marchita en flor, sin fruto mi venganza.)

Felipo   Armesinda, ¿qué es esto?

Armensinda   Sutilezas de amor con que ha dispuesto
                     Clemencia, señor mío,
                     cuando tu ofensa no, su desvarío.
                     Esa parte de casa
                     que no se vive tu opinión abrasa.
                     Mi prima, que atropella
                     respetos de quien es, oculta en ella
                     a quien te certifique
                     la causa por que deja al duque Enrique.

Clemencia   Desatinada vienes.
                     ¿La culpa me atribuyes que tú tienes?
                     ¿Perdiste el seso, prima?

Armensinda   Ya se saben verdades de este enigma,
                     ya el cuarto, el torno y salas
                     donde escribes, obligas y regalas
                     al español dichoso,
                     agora en posesión, antes dudoso.
                     Derriba, señor, puertas,
                     que solo están a nuestro agravio abiertas.

Felipo	¿Qué es esto, cielo santo?
Clemencia	Averigua, señor, enredo tanto; que si la letra miras de los papeles, no podrán mentiras desdorar mi inocencia.
Armensinda	Eso pretendo yo, haga experiencia la averiguación sabia de la agresora que tu casa agravia.
Felipo	Echaré por el suelo, abrasaré impaciente el palacio, la autora, el delincuente de tanto ciego insulto.

(Vase.)

Armensinda	No has de lograr tu amor hasta aquí oculto.
Clemencia	Con frívolas disculpas disfrazas evidencias de tus culpas.
Armensinda	¡Qué loca te despeñas!
Clemencia	Pues poco has de lograr tu amor por señas.

(Vanse. Salen don Gabriel y Montoya.)

Montoya	Segunda vez nos enmonjan y, cerrándonos las puertas, solos, de noche y a oscuras, a pares nos emparedan.

                    Tú, que sabes lo que pasa,
                    ni tienes miedo, ni tiemblas,
                    mas yo, que no he merecido
                    tantica historia siquiera
                    con que sobornar temores,
                    ¿qué he de hacer sino hacer cera?

Gabriel   Todo ha de parar en bien.

Montoya   No pare en la chimenea
                    por donde a ciegas me embutan;
                    pongan luz y saquen cena,
                    y estémonos aquí un siglo.

(Llaman dentro al torno.)

Gabriel   Allí llaman.

Montoya   Allí llega
                    tú, que eres el consiliario;
                    que yo en la dicha comedia
                    no soy más que el mete-sillas.

(Vuélvese el torno con un billete y una luz.)

Gabriel   ¡Luz y papel!

Montoya   Así empiezan
                    los actos de nuestra farsa.

Gabriel (Aparte.)   (Una es la nota y la letra
                    de éste y de los otros tres,
                    y dice de esta manera;

(Apártase de Montoya y lee.)

«Madama Beatriz se alaba
de que le habéis dado cuenta
de secretos prometidos
que el bien nacido conserva;
Carlos los sabe, Armesinda
a todos los manifiesta,
ya se los habrá contado
a los tres duques Clemencia;
ved si está puesto en razón
que quien juramentos quiebra,
cuando el premio que esperaba
perdió, pase por la pena.
Poneos bien con Dios al punto,
porque dentro de hora y media
he de hacer que en ese sitio
encubra siempre la tierra
lo que no encubristes vos;
que temo de vuestra lengua,
si agora no la sepulto,
que ha de hablar después de muerta.»
Esta es sofística excusa
de quien cavilosa intenta
honestar sus liviandades
al nuevo interés que afecta.
Ya Clemencia, ya Beatriz,
ya Armesinda la una sea
de las tres, la enigma-dama,
si ama a Carlos la primera,
la segunda al rey francés,
y apetece la tercera
a Enrique, ¿qué maravilla
que recele que se sepan

	los arrojos de su gusto?
	Temerosa de mis quejas,
	con la muerte me amenaza;
	pero primero que muera,
	hará mi valor alarde
	de la sangre que le alienta.)
(Saca la espada.)	Saca la espada, Montoya.
Montoya	¿Para qué la quieres fuera?
Gabriel	Acaba, o te mataré.
Montoya	Pues ¿tú conmigo pendencias?
	¿A cuchilladas me pagas
	catorce o veinte cuaresmas
	que he ayunado en tu servicio?
	¿No digo yo que andan sueltas
	por este cuarto de ahorcado
(Aparte.)	Margarusas? (¿Si me trueca
	la cara algún Gacipiro,
	y que soy gigante piensa?)
	Montoya soy, ¡vive Apolo!;
	ten, señor, por Dios, vergüenza
	de ensuciar tus limpias manos
	en sangre lacaya.
Gabriel	Bestia,
	¿qué dices?
Montoya	Las letanías.
Gabriel	Mira que a matarnos entran
	traidores disimulados.

Montoya   ¿Hacia dónde están, que puedas,
                 encantados, verlos tú,
                 y yo agora llenos tenga
                 los ojos de cataratas?
                 A Dios y a ventura, muera
                 todo fauno, sierpe o grifo.

(Saca la espada.)

Gabriel   Ponte a mi lado, no temas.

Montoya   Si se hallare en toda Europa
                 quien más desdichado sea
                 que yo...

Gabriel   ¿Tiemblas?

Montoya   Tiemblo y sudo;
                 olerásme si te acercas.
                 ¿Quieres ver cuán venturoso
                 soy? Pues escucha. Una siesta
                 soñaba que me había hallado
                 tres bolsas y dos talegas
                 de doblones de a dos caras;
                 tendílos sobre una mesa
                 y, cuando empecé a contarlos,
                 al primero me despiertan,
                 dejándome de la agalla,
                 sin permitirme siquiera
                 que entre sueños recrease
                 mi codicia con su cuenta.
                 Soñé otra vez que me daban,
                 sacándome a la vergüenza
                 por las calles de la corte,

cuatrocientos de la penca.
Iba yo carivinagre,
llorado de verduleras,
entre escribas y envarados,
las espaldas berenjenas.
Y a cada «ésta es la justicia»,
me pespuntaba el gurrea
los ribetes cuatro a cuatro,
cual Dios les dé la manteca.
Considera tú qué tal
iría mi reverencia,
que ¡vive Dios! que escocían
como si fuesen de veras.
Pues fue mi ventura tanta,
para que envidia la tengas,
que hasta el último pencazo
no desperté; de manera
que, cuando sueño doblones,
al primero me recuerdan,
y, cuando azotes, me obligan
que hasta el cuatrocientos duerma.
¿Hay bestia más desdichada?

(Golpes grandes a la puerta por dentro. Felipo dentro.)

Felipo   Si no abriere, echad por tierra
                las puertas.

Montoya   Descomunal
                jayán Tranquitrinco, espera.
                ¡Santiago, cierra España!
                A ellos, señor, o a ellas.

(Cae la puerta y salen Felipo, Beatriz, Clemencia, Armensinda, Enrique, criados y damas.)

Criado — Ya está abierto para todos.

Montoya — ¡Los duques y las duquesas!

Gabriel (Aparte.) — (Pues ¿cómo? Quien me amenaza
de muerte, porque no sepa
ninguno mudanzas suyas,
¿agora con todos entra?)

Felipo — Rendid, español, las armas.

Gabriel — A los pies de vuestra alteza,
ellas, el dueño y la vida.

Montoya — La bolsa, el dinero, y ellas.

Felipo — ¿Es blasón de generoso,
a costa de su nobleza
desasosegar palacios
y, extranjero, hacer ofensa
a tanto príncipe y dama?

Gabriel — Quien a sustentar se atreva
que yo...

Felipo — Ya se sabe todo.

Gabriel — ...hice cosa que no deba,
ni aquí, ni...

Felipo — Don Gabriel, basta;

| | dicho me han de esta quimera
             lo que pasa, aunque en confuso.

| Gabriel | No yo a los menos; que precia
             mi valor guardar palabras
             que tanto riesgo me cuestan.
             Y, pues contra esto me indician,
             diga madama Clemencia,
             diga Carlos, señor mío,
             Beatriz y su prima bella,
             vuestra alteza, el duque Enrique,
             ¿cuándo permití a la lengua
             secretos encomendados,
             que de los labios excedan?

(A Armensinda.)

| Montoya | Chitón, por amor de Cristo,
             dama en cifra, niña almendra,
             en lo de la sala y torno,
             joyas, papel, noche y cena.

| Felipo | ¿Cuál de estas tres, español,
             mandándoos amar por señas,
             es la sutil inventora
             de tanto artificio?

| Gabriel | Fuera,
             gran señor, yo afortunado,
             a alcanzar mis diligencias
             la solución de esas dudas.
             No lo sé, si bien sospechas
             tengo en todas tres.

Felipo	Mostrad los papeles; que su letra alumbrará confusiones.
Gabriel	Denme todas tres licencia para hacer de ellos alarde; que, sin dármela, aunque muera, no me atreveré a enseñarlos, por no ofendar la una de ellas.
Beatriz	Yo os la prometo.
Clemencia	Yo y todo.
Armensinda	Yo también.
Montoya	Traza discreta para deshacer pandillas.

(Dáselos, y míralos Felipo.)

Felipo	Ni de Beatriz, ni Clemencia, ni de Armesinda es la forma; todos son de mano ajena.
Montoya	Pues volvamos a tocar tercera vez a tinieblas.
Gabriel	Si las tres me lo permiten, y perdona vuestra alteza de este amor enmarañado culpas que no sé que tenga, señas ofrezco bastantes, [...............e-a]

	para conocer su autora, por más que ocultarse quiera.
Beatriz	Ya la tenéis.
Clemencia	Acabad.
Felipo	¿Qué dices tú?
Armensinda	Que desea mi confusión verse libre.
Montoya (Aparte.)	(Aquí la trampa se suelta.)
Gabriel	¿Quién, pues, de las tres madamas a las dos de vueselencias dio las joyas de diamantes que las tres sacaron puestas la primer vez que me hablaron?
Beatriz	Leonora, mi camarera, debajo mis almohadas halló esta cruz, sin que sepa cómo o quién allí la puso, y también esotras piezas, que por saber este enigma di a las dos.
Dama	Es cosa cierta lo que mi señora afirma.
Felipo	En fin, ¿que quien nos enreda se ha de reír de nosotros?

Montoya	Desmaráñelo un poeta.
Gabriel	Señor, si esta vez no doy con el engaño, no tengas de averiguarle esperanzas.
Felipo	Decid.
Montoya	Ya va la tercera.
Gabriel	Cuando agora entré a esta sala ¿estaban con vuestra alteza las tres madamas presentes?
Felipo	Solo Beatriz faltó de ellas.
Gabriel	Pues ella estaba en el torno y, apurando mi paciencia, amenazaba mi vida; ella es la dama encubierta que se entretiene en burlarme.
Felipo	¿Qué respondéis?
Beatriz	Que confiesa lo que la lengua rehusa en la cara la vergüenza.

(Sale Carlos.)

Carlos	Antes moriré a su lado que en Francia persona ofenda al de Nájara, mi amigo.

Felipo	¿Qué es?
Montoya	Es chilindrona nueva.
Carlos	Mi hermano el rey se casó
con Ricarda, infanta inglesa;
y, muerto en España el duque
de Nájara, porque queda
sin sucesión, don Gabriel,
sobrino suyo, le hereda.
Pésames y parabienes
os den juntos estas nuevas,
y vos, Felipo, a Beatriz,
permitiendo que merezca
mi intercesión y amistad
lo que madama desea,
que es juntar en don Gabriel
a Nájara con Lorena.
Mi esposa será Armesinda,
dando la mano a Clemencia
Enrique, porque amistades
desbaraten competencias.
Alcance yo vuestro sí.
Felipo	Dueño es, señor, vuestra alteza
de mi voluntad y estado;
como lo dispone sea.
Gabriel	A vuestros pies, gran señor...
Carlos	Levantad; que así se venga
de agravios que amor enlaza
la sangre noble francesa.

Montoya   ¡Trinidad de desposorios!
               Solo Montoya se queda
               incasable o celibato,
               paralelo de una dueña.

Gabriel   Invencionero ingenioso
               es amor; esta novela,
               senado ilustre, lo diga,
               y en ella el Amar por señas.

               Fin de la comedia

Libros a la carta

A la carta es un servicio especializado para
empresas,
librerías,
bibliotecas,
editoriales
y centros de enseñanza;
y permite confeccionar libros que, por su formato y concepción, sirven a los propósitos más específicos de estas instituciones.
Las empresas nos encargan ediciones personalizadas para marketing editorial o para regalos institucionales. Y los interesados solicitan, a título personal, ediciones antiguas, o no disponibles en el mercado; y las acompañan con notas y comentarios críticos.
Las ediciones tienen como apoyo un libro de estilo con todo tipo de referencias sobre los criterios de tratamiento tipográfico aplicados a nuestros libros que puede ser consultado en Linkgua-ediciones.com.
Linkgua edita por encargo diferentes versiones de una misma obra con distintos tratamientos ortotipográficos (actualizaciones de carácter divulgativo de un clásico, o versiones estrictamente fieles a la edición original de referencia).
Este servicio de ediciones a la carta le permitirá, si usted se dedica a la enseñanza, tener una forma de hacer pública su interpretación de un texto y, sobre una versión digitalizada «base», usted podrá introducir interpretaciones del texto fuente. Es un tópico que los profesores denuncien en clase los desmanes de una edición, o vayan comentando errores de interpretación de un texto y esta es una solución útil a esa necesidad del mundo académico.
Asimismo publicamos de manera sistemática, en un mismo catálogo, tesis doctorales y actas de congresos académicos, que son distribuidas a través de nuestra Web.
El servicio de «libros a la carta» funciona de dos formas.
1. Tenemos un fondo de libros digitalizados que usted puede personalizar en tiradas de al menos cinco ejemplares. Estas personalizaciones pueden ser de todo tipo: añadir notas de clase para uso de un grupo de estudiantes, introducir logos corporativos para uso con fines de marketing empresarial, etc. etc.

2. Buscamos libros descatalogados de otras editoriales y los reeditamos en tiradas cortas a petición de un cliente.

www.ingramcontent.com/pod-product-compliance
Lightning Source LLC
LaVergne TN
LVHW041337080426
835512LV00006B/500